商务馆实用商务汉语系列教材
世界汉语教学学会 审订

实用商务汉语课本

汉韩版

中级篇

王又民 主 编
王又民 编 著

商务印书馆

2007年·北京

图书在版编目(CIP)数据

实用商务汉语课本(汉韩版). 中级篇 / 王又民主编，王又民编著．—北京：商务印书馆，2007

(商务馆实用商务汉语系列教材)

ISBN 978－7－100－05301－3

I. 实用… II. ①王… ②王… III. 商务—汉语—对外汉语教学—水平考试—教材 IV. H195.4

中国版本图书馆 CIP 数据核字（2007）第 026828 号

SHÍYÒNG SHĀNGWÙ HÀNYŮ KÈBĚN(HÀN-HÁN BǍN) · ZHŌNGJÍ PIĀN

实用商务汉语课本(汉韩版)·中级篇

王又民 主编
王又民 编著

商 务 印 书 馆 出 版
(北京王府井大街36号 邮政编码 100710)
商 务 印 书 馆 发 行
北 京 瑞 古 冠 中 印 刷 厂 印 刷
ISBN 978－7－100－05301－3

2007 年 6 月第 1 版 开本 889×1194 1/16
2007 年 6 月北京第 1 次印刷 印张 11½
印数 4 000 册

定价：26.00 元

主　　编　王又民
副主编　倪明亮
编　　著　王又民

前　言

本教材是为经贸汉语课程教学编写的，也可作为实用商务汉语的自学教材。它是一套以商贸知识为平台的学习汉语的教材。学习者应具有初级的汉语基础，掌握600至800个汉语常用词和最基本的语法点。

本教材分为初级篇、准中级篇、中级篇、准高级篇、高级篇5册。每册有10课，每课用6课时完成。主课文为本课话题的主导和核心，是话题知识、功能语法点和词语的展示平台；练习围绕本课主旨，根据各册的特点和要求，在体例上作出既有统一性又有特殊性的设计安排；副课文是对主课文题材和词语的补充；经贸知识链接帮助理解课文中的相关知识。学习者可根据需要有选择地进行学习，如学习主课文，完成部分练习，将副课文和其余练习作为课外学习内容处理。

本教材有如下特点：

（一）内容广泛

本教材广泛收集商贸活动中常见的内容。初级篇以商贸活动前期一般社交活动为主要内容，如迎接来客、晚宴上、在银行、谈时装表演、讨价还价、谈消费、参观企业、广告的作用、谈交往习惯、报关等。

准中级篇以进出口贸易活动为主要内容，如购销意向、报盘还盘、折扣佣金、内外包装、交货、保险、签订合同、信用管理及售后服务知识等。

中级篇以与进出口贸易相关的活动为主要内容，如商品检验、索赔、不可抗力、仲裁、和解、代理协商、推销、追账、网上购物和参展等。

准高级篇以宏观商贸问题为主要内容，如银行投资、股票市场、跨国收购、期市贸易、专利保护、市场竞争、金融服务、进出口战略、工程承包、投标竞标等。

高级篇以宏观商贸问题及商贸文书为主要内容，如假日经济、环保产业、信息产业、知识产权、保险市场、反倾销争议、农业产业、引进外资、商业文牍、合同范本等。

（二）线索分明

全套教材按日常一般经济活动、商贸基础性及专业性活动以及商贸专题、宏观商贸问题的顺序进行编排，并以此为平台，遵循由易而难的教学原则，将其中的言语功能、语法及重要词语提取出来，连珠成串，在教材中形成商贸知识、言语功能、语法和词语等几条线索。这些线索从横向看，各课各册的相关部分是相互呼应，相互依存的；从纵向看，由初级篇到高级篇，它们之间是相互关联，首尾衔接，层层递进的。各册难度逐步加大，难度主要通过对词汇量、等级词语和语法点进行控制来实现。等级词汇及语法点参考《汉语水平词汇与汉字等级大纲》和《高等学校外国留学生汉语教学大纲》。这样编写是为了使教材具有内在的统一性和结构的合理性，同时最大限度地满足学习者对各个层次汉语及经贸知识学习的需要，使学习者在汉语学习的过程中同时学习和了解商贸知识。或者说，使学习者边学汉语，边学商贸知识，以达到逐步提高汉语水平的目的。

（三）实用性强

1．教材内容与实际紧密联系。每册均有各自的任务目标。初级篇围绕商贸活动前期的一般社交活动进行设计编排，准中级篇和中级篇围绕商贸专业活动进行设计编排，准高级篇和高级篇围绕宏观商贸专题进行设计编排，这些编排符合学习的递进性要求，也符合对学习内容的广度和深度的要求。

2．教材体例突出口语交际与书面表达。初级篇、准中级篇和中级篇的主课文是对话体，学习沟通和表达，以适应商贸活动中的言语交际需求。副课文则是叙述体，目的是使学习者熟悉书面语体的形式，了解和掌握商贸文书、情况说明和文章介绍的表达方式。副课文为学习者讨论本课主题提供话题素材和范本。准高级篇和高级篇的主副课文均为书面语体，这里展现的都是较为宏观的经济商贸话题，为学习者提供了拓展知识、扩大专业词汇量、深入思考和把握商贸宏观问题、展开讨论的机会，使学习者在大量接触专业词语和高级阶段表达方式的过程中完成该阶段的教学要求。

3．教材练习紧扣主题。练习的设计紧紧围绕本课主题、功能项目、语法点及重要词语展开，将目前通行的各语言教学法之精髓，融会贯穿于教材之中；并相应设计安排听说读写各项技能的练习题，为完成语言教学综合技能训练任务提供模板。

4．教材为适应学习者参加汉语水平考试（HSK）的需要，尤其是参加商务汉语类水平考试（商务HSK）的需求，在课文选材、练习设计上进行了相应的编排，设计了听力理解、阅读理解、口语表达及写作等方面的基本训练内容。

本教材由王又民担任主编，倪明亮担任副主编，《初级篇》由刘长辉编著，《准中级篇》由吴春仙编著，《中级篇》由王又民编著，《准高级篇》由草荃编著，《高级篇》由倪明亮编著。

本教材中课文、词语表、功能项目、语法举要、词语聚焦的韩文翻译由李丞海〔韩〕完成，经贸知识链接及前言的韩文翻译由全香兰完成。金娅曦对各册的韩文部分作了通审、修改和补充。

主　编

2006年4月20日

머리말

본 교재는 경제 무역 중국어 과목을 위해 편찬한 책인데 실용 상무 중국어의 자수 교재로 쓸 수도 있다. 이 책은 상무 지식을 바탕으로 한 중국어 학습 교재이다. 학습 대상자는 기초 중국어 지식을 갖춘, 즉 600내지 800개의 중국어 상용 어휘와 가장 기본적인 문법을 장악한 독자들이다.

본 교재은 초급편, 초중급편, 중급편, 중고급편, 고급편 5권으로 나뉜다. 매 권은 10개 과로 되어 있고 매 과는 6시간으로 이루어진다. 매 과의 본문은 화제의 중심과 핵심이며 화제지식, 기능문법과 어휘를 드러내 보인다. 그리고 연습문제는 각 과문의 주요 취지를 둘러싸고 진행되며 각 권의 특성과 요구에 근거하여 통일성과 특수성이 있게 설계되어 있다. 부본문은 본문에 대한 보충이다. 경제무역 지식에 관한 관련 지식은 본문을 이해하는 데 도움이 된다. 학습자는 필요에 의해 선택적으로 학습을 진행할 수 있다. 예를 들어 본문을 학습하고 부분 연습을 완성하는테, 부본문과 나머진 연습은 과외용으로 한다.

본 교재는 아래와 같은 특징이 있다.

1. 내용이 광범함

본 교재는 상무 활동에서 나타나는 많은 내용들을 담았다. 초급편은 상무 활동 전의 일반 사교활동을 주 내용으로 손님접대, 만찬 모임, 은행, 패션쇼, 홍정, 소비 문제, 기업 참관, 광고의 역할, 교제 관습, 세관 신고 등이다.

초중급편에서는 수출입 무역활동이 주 내용이며 구매 의향, 가격통보, 할인, 운수 포장과 판매 포장, 인계, 보험, 계약서 체결, 신용관리와 A/S 등을 다루었다.

중급편에서는 수출입 무역에 관련된 활동이 주 내용이다. 예를 들면 상품의 점검, 배상, 불가항력, 중재, 화해, 대리 협상, 판로 개척, 외상 독촉, 인터넷 쇼핑, 전시회 참가 등이다.

중고급편은 상무 문제가 주 내용이다. 예를 들면 은행 투자, 증권시장, 국제 수매, 선물 (先物) 거래, 전매 보호, 시장 경쟁, 금융 서비스, 수출입 전략, 도급 공사, 경쟁 입찰 등이다.

고급편에서는 거시 상무 문제를 주 내용으로 하는데, 휴일경제, 환경보호산업, 정보산업, 지적재산권, 보험시장, 반덤핑분쟁, 농업산업, 외자유치, 상업공용문서, 계약 양식 등이다.

2. 단서가 분명함

본 교재는 전체적으로 일상적 일반 경제활동, 기초적이고 전문적인 상무 활동 및 상무 전문테마, 거시적 상무 문제의 순서에 맞추어 편성되어 있으며, 아울러 난이도에 따른 교육 원칙에 맞추어, 언어 기능, 문법과 중요 어휘를 통해 구슬을 꿰듯 교재에 나오는 상무지식, 언어능력, 문법과 어휘 등을 상세히 분석했다. 횡적으로 보면, 각 책 각 과는 서로 호응하고 의존적이며, 종적으로 볼 때, 초급편에서 고급편에 이르기까지 차차 점진적이다. 각 책에서는 난이도가 점점 커지는데, 난이도는 주로 어휘량과 등급 어휘와 단계별 문법 항목을 통해 실현되었다. 등급 어휘 및 단계 문법 항목은 국가대외한어교학영도소조판공실에서 편찬한 <한어수평어휘와 한자등급대강>과 <대학 외국 유학생한어교육대강>을 참고하였다. 교재 자체의 통일성과 구조적 합리성을 위한 이러한 편찬은 서로 다른 학습자의 학습 수요를 최대한 만족시키는 동시에, 학습자가 중국어 학습 과정에서 상무 지식도 배워 전체적인 중국어 실력을 높여가도록 하는데 그 목적이 있다.

3. 실용성이 높음

(1) 교재 내용은 실제 상황에 맞게 편집되었다. 본 교재는 초 · 중 · 고급 각 단계마다 뚜렷한 목표가 있는 바, 초급편은 상무 활동의 초기 일반 사교 활동을 중심으로, 초중급편과 중급편은 상무의 전문 활동을 중심으로, 고중급편과 고급편은 거시적 상무를 중심으로 한 전문 주제로 설계 편성되었다. 이러한 과정을 거쳐 학습자는 한걸음 한걸음 관련지식을 쌓아 갈 수 있으며 폭 넓고 깊이 있는 전문 지식을 터득할 수 있게 된다.

(2) 교재의 체제는 회화와 문장 표현에도 뛰어나다. 초급편, 초중급편과 중급편의 본문은 언어 소통과 표현을 중심으로 하는 대화체로 되어 상무 활동 상의 언어 사용을 학습하게 하였다. 보충문은 서술체로서, 학습자로 하여금 서면어체의 형식을 익혀, 상무 문서, 상황 설명과 문장 소개의 표현 방식을 이해하고 장악하게 한다. 보충문은 학습자가 본문 주제를 토론하는데 제재와 모범을 제공한다. 중고급편과 고급편의 본문과 보충문은 모두 서면어체인데 그 내용이 대개 거시적 경제 상무 주제로 이루어 졌다. 이러한 내용들은 학습자의 지식과 전공 어휘량을 높여줄 뿐만아니라, 상무 거시적 문제에 대한 깊이 있는 사고를 유발하고, 토론 전개의 기회를 제공함으로써, 학습자로 하여금 전문 용어와 고급단계의 표현 방식을 대량으로 접하는 과정에서 본 단계의 교육 요구를 완성하게 한다.

(3) 교재 연습은 주제와 이어져 있다. 연습의 제 항목은 본문 주제, 기능항목, 문법요점 및 중요 어휘와 긴밀히 연결되어, 현재 쓰이는 각종 언어 교육 방법에 정통하고 있다. 또한 듣기 · 말하기 · 읽기 · 쓰기 제 기능의 연습문제에 맞게 설계하여 언어

교육의 종합 기능 훈련의 임무를 완성하도록 이루어져 있다.

(4) 본 교재는 본문의 제재 선택과 연습문제 만들기에 있어 학습자의 한어수평고시 참가 수요, 특히 상무 중국어수평고시 참가 수요에 초점을 맞추었으며, 연습문제는 주로 듣기, 회화 및 작문 등 방면의 기본 훈련 내용으로 설계되었다.

본 교재의 편저자

본 교재는 왕유민(王又民)이 주 편집자, 니밍량(倪明亮)이 부 편집자인데, <초급편>은 류창후이(刘长辉), <초중급편>은 우춘시앤(吴春仙), <중급편>은 왕유민(王又民), <중고급편>은 차오취엔(草荃), <고급편>은 니밍량(倪明亮)이 저술하였다.

본 교재는 한국어본과 영문본의 두 번역본이 있는데, 한국어 번역본의 본문, 어휘, 문법, 기능항목, 어휘모음의 한국어 번역은 이승해(李承海)(한국) 가 하고, <머리말>과 경제무역지식에 연관된 한국어 번역은 취엔샹란(全香兰)이 하였다. 마지막, 진야시(金娅曦)가 각 권의 한국어 번역을 총괄적으로 검사하고 고치며 보완시켰다.

주 편집자

2006년 4월

目　录

第1课　商品检验

第2课　索赔

第3课 不可抗力

第4课 仲裁

第5课 和解

第6课 协商代理

第7课　推销

第8课　追账

第9课 网上购物

第10课 参展

第1课 商品检验

제 1 과

상품검사

主课文 본문

A 双方应该约定商品检验机构，对此贵方是怎么考虑的?

B 我们决定请中国的商检机构负责检验。按照规定，在中国凡是进出口的商品检验都要由中国的商检机构来完成。

A 由我国的商品检验机构检验不行吗?我们是出口方，在我国进行商检方便些。我国的规定是国际贸易中的商品检验主要由民间机构来承担，民间商检机构具有公证机构的法律地位。

B 这样做当然可以。国际通行的做法是一般商品交易由出口国检验，由进口国复验。你们发货前作一次商检，我们收货时作一次复验。这样做一方面认定卖方的检验证书是有效的交接货物和结算的凭证，同时又确认买方在收到货物后有复验权。

A 我们的货物由瑞士日内瓦通用鉴定公司(SGS)来检验，怎么样?

B 瑞士日内瓦通用鉴定公司(SGS)是家著名的民间检验机构，你方可以选择由它来检验。货到港后，由我国商检机构负责复验。

A 那好，就这样吧。我方乐于接受这种做法。

B 检验机构选定了，检验的时间和地点也确定了。装船前在装运港应该由双方约定的贵国商检机构对货物的品质、重量、数量和包装进行检验。商检机构出具的检验证明是贵方向银行议付货款的单据之一。货到我方港口后，在规定的时间里，由双方约定的我国商检机构对货物再进行一次复验，并出具复验证明。这些条款都应该明确写在合同里。

A 看来，你们已经充分考虑了一些细节问题。

B 对。这符合"平等互利""实事求是"的原则，对双方都有利。一旦发生问题，也能分清责任，避免争议。

词语表 어휘표

1. 约定	(动)	yuēdìng	약정하다, 약속하다
2. 商检	(名)	shāngjiǎn	상품검사
3. 机构	(名)	jīgòu	기관, 기구
4. 凡是	(副)	fánshì	무릇, 대체로, 모든
5. 民间	(名)	mínjiān	민간
6. 公证	(动)	gōngzhèng	공증
7. 通行	(动)	tōngxíng	통용되다, 유통하다
8. 复验	(动)	fùyàn	재검사하다
9. 一方面……	(连)	yīfāngmiàn…	한 편으로는…
10. 认定	(动)	rèndìng	확정하다, 인정하다
11. 卖方	(名)	màifāng	판매자, 도매자
12. 证书	(名)	zhèngshū	증서
13. 有效	(动)	yǒuxiào	유효하다, 효력이 있다

14. 交接	（动）	jiāojiē	인계 인수하다
15. 凭证	（名）	píngzhèng	증명서, 증거
16. 确认	（动）	quèrèn	확인하다
17. 乐于	（动）	lèyú	기꺼이…하다, …을 기뻐하다
18. 品质	（名）	pǐnzhì	품질
19. 货款	（名）	huòkuǎn	상품대금
20. 实事求是	（成语）	shí shì qiú shì	실사구시
21. 一旦	（副）	yīdàn	(아직 일어나지 않은 가정의 상황을 나타냄)일단, 어느때

专有名词

1. 瑞士	(地名)	Ruìshì	스위스
2. 日内瓦	(地名)	Rìnèiwǎ	제네바
3. 通用鉴定公司		Tōngyòng Jiàndìng Gōngsī	통용감정회사

重点句 주요구절

1. 凡是进出口的商品检验都要由中国的商检机构来完成。

2. 民间商检机构具有公证机构的法律地位。

3. 国际通行的做法是一般商品交易由出口国检验，由进口国复验。

4. 我方乐于接受这种做法。

5. 商检机构出具的检验证明是贵方向银行议付货款的单据之一。

6. 这些条款都应该明确写在合同里。

7. 这符合“平等互利”“实事求是”的原则，对双方都有利。

功能项目 주요기능

1. 决定 결정

常用的表达方式有“我决定了”“好，就这样吧”“就这样决定了”“我的决心已定”等。

자주 쓰이는 표현방식에는 “我决定了(저는 결정했습니다)”, “好，就这样吧(좋아요, 이렇게 해요)”, “就这样决定了(그럼 이렇게 정해요)”, “我的决心已定(제 마음은 이미 정했습니다)” 등이 있다.

例如：

(1) A：货到港后，由谁来负责复验?
B：我们决定请中国的商检机构负责复验。

(2) A：合同各项条款贵方没有要补充的了吧?
B：没有什么要补充的了，就这样吧。

(3) A：我的决心已定，就这么办了。
B：那好，我方没有意见。

2. 同意 동의

常用的表达方式有“我同意”“这样做我没意见”“这样做当然可以”“做吧!(我同意)”等。

자주 쓰이는 표현방식에는 “我同意(저는 동의, 찬성합니다)”，“这样做我没意见(그렇게 한다면 저는 다른 의견이 없습니다)”“这样做当然可以(그렇게 한다면 당연히 되지요)”，“做吧!(我同意)(하세요! 저는 동의합니다)” 등이 있다.

例如：

(1) A：由我国的商检机构检验不行吗?我们是出口方，在我国进行商检方便些。
B：这样做当然可以。

(2) A：这次我先打听建立账户的手续，下次我再专门来办，可以吗?
B：当然可以。

(3) A：经理，我的客户来了，我去接待一下。
B：去吧!手头儿的工作先放放。

语法举要 주요 문법

1. 并列复句 병렬복문

分句与分句之间表示平列关系，各分句分别叙述或描写几件有联系的事、几种情况或同一事物的几个方面。这种复句常用的关联词有“也”“又”“同时”“又……，又……”“一边……，一边……”“一面……，一面……”，也可以不用关联词。

단문과 단문 간에 병렬관계를 나타내는데, 각 단문은 각각 서로 연계되는 여러 사건, 여러 종류의 상황이나 동일한 사물의 여러 방면을 서술하거나 묘사한다.

이러한 복문에는 “也(…도, 역시)”,“又(또)”,“同时(동시에)” “又……, 又…… (…도 하고… 하기도 하다)”, “一边………, 一边……(…으면서 … 하다)”, “一面……, 一面(… 하면서 … 하다)” 가 있고, 관련단어를 사용하지 않을 수도 있다.

例如：

(1) 这样做一方面认定卖方的检验证书是有效的交接货物和结算的凭证，同时又确认买方在收到货物后有复验权。
(2) 这个项目为许多国内公司合作提供了机会，同时为世界知名企业，特别是跨国公司提供了商机。
(3) 他们一边组装生产线，一边编制正式开工的生产计划。

2. 多项状语 다항 부사어

多项状语是指一个句子中同时包含两项或两项以上的状语，修饰它们后边的谓语部分。多项状语常以并列关系、递进关系出现。

다항부사어는 한 문장 안에 포함된 2개나 2개 이상의 부사어가 뒤에 오는 술어부분을 수식하는 걸 가리킨다. 다항부사어는 주로 병렬관계, 점층관계로 나타난다.

a. 多项状语之间没有主次的分别，平等地修饰中心语，这样的状语叫并列关系的多项状语。在使用时，人们常根据逻辑关系、观察事物的过程、语言习惯或上下文的情况来安排多项状语之间的顺序。

다항 부사어 간에 주된 것과 부차적인 것의 구분이 없이 동등하게 중심어를 수식하는 부사어를 병렬관계 다항부사어라고 한다. 사용할 때 늘 논리 관계, 사물을 관찰하는 과정, 언어습관, 앞뒷 문장에 따라 다항 부사어의 순서를 정한다.

例如：

(1) 只有长期地①　细致地②　有计划地③进行调查研究才能做好商贸工作。

(3项状语，并列关系)

b. 多项状语之间没有主次的分别，按一定的顺序排列起来修饰中心语，这样的状语叫递加关系的多项状语。在使用时，人们常习惯这样排列状语："时间、语气、描写动作者、目的、处所、空间、方向、对象、描写动作"＋中心语。

다항 부사어 간에 주된 것과 부차적인 것의 구분이 없이 일정한 순서에 따라 배열되 중심어를 수식하는 부사어를 점층관계의 다항 부사어라고 한다. 사용할 때 "시간, 어투, 동작실행자, 목적, 장소, 공간, 방향, 대상, 동작 묘사＋중심어" 의 순서에 따라 다항 부사어를 배열하는 것이 습관이다.

例如：

(2) 货到我方港口后①，在规定的时间里②，由双方约定的我国商检机构③对货物④　再⑤进行一次复验。(5项状语，递加关系)

词语聚焦

중점 단어

1. 约定 약정하다, 약속하다

动词，经过商量而确定。
동사. 상의를 거쳐 확실히 하다.

例如：

(1) 大家约定明天在公园会面。
(2) 按照合同约定的责任进行分工。
(3) 双方口头约定借款利息为2 000元。

2. 凡是 무릇, 대체로, 모든

副词，总括某个范围内的一切。
부사. 어떤 범위 내의 일체를 통괄하다.

例如：

(1) 凡是新生的事物总是在同旧事物的斗争中成长起来的。
(2) 凡是客户的要求他们都尽力满足。
(3) 凡是在购买电器时都要预先交纳回收处理费。

3. 确认 확인하다

动词，明确承认(事实、原则等)。
동사. (사실, 원칙 등) 을 명확하게 동의, 승인하다.

例如：

(1) 这个设计方案要经过参与各方确认才行。
(2) 在施工过程中，确认工期延误的责任是个比较复杂的问题。
(3) 终止合同应该经过确认才有效。

4. 一旦 어느 때, 일단

副词，表示不确定的时间词。
부사. 불확정함을 나타내는 시간사.

a. 用于已然，表示“忽然有一天”。
이미 일어난 상황에 쓰이며, ‘어느 날 갑자기’라는 뜻으로 이미 일어난 갑작스런 상황을 나타낸다.

例如：

(1) 相处这么多年，一旦离别，心里怎么会好受呢?
(2) 我对这里的人已经有了一些了解，一旦离开，会怀念他们的。
(3) 我在平原生活惯了，一旦来到山区，还真有些不适应。

b. 用于未然，表示“要是有一天”。
아직 일어나지 않은 가정의 상황에 쓰이며, ‘어느 날 만약’이라는 뜻을 나타낸다.

例如：

(1) 理论一旦为群众所掌握，就会产生巨大的物质力量。
(2) 把很多易燃易爆的货物放在一起，一旦发生事故，后果不能设想。
(3) 上保险的目的就是一旦发生意外可以获得保险赔偿。

배경 지식
经贸知识链接

中国的商检机构
중국의 상품 검사기관

中国进出口商品检验主要由官方的“中华人民共和国国家质量监督检验检疫总局”(简称国家质检局)及其分支机构承担，此外还有各种专门从事动植物、食品、药品、船舶、量器具等官方检验的机构承担相关方面的检验。一些符合规定资质条件的中国国内检测机构也接受上述机构的委托进行出入境商品检测。中国商检机构和一些国外检验机构建立了委托代理关系(如SGS)或合资检验机构(如OMIC)。外国检验机构经批准也可在中国设立分支机构，在指定范围内从事进出口商品检验和鉴定业务。

중국의 수출입 상품 검사는 정부측의 “중화인민공화국 국가질량감독 검험검역총국” 및 그 산하 기관에서 주로 맡아 하고, 그 밖에 동식물, 식품, 약품, 선박, 계량기 등을전문적으로 검사하는 여러 정부축 검사기관이 있다.

규정된 자질조건에 부합된 일부 중국국내 검사기관도 상술기관의 위탁을 받아. 수출입 상품의 검사 업무를 수행할수 있다. 중국 상품 검사 기관은 외국의 검사기관과 위탁 대리관계(예를 들어 SGS), 합자검사기구(예를 들어 OMIC)를 설립했다. 외국 검사 기관은 비준을 거쳐 중국에 분점을 설립할 수 있는데, 지정된 범위내에서 수출입 상품의 검사와 감정 업무를 진행한다.

练习 연습

一、替换练习 교체 연습을 해보세요

1. 关于合同中的商品检验条款，贵方是怎么考虑的?

货物运送方式
合同签订时间
保险问题
包装的要求

2. 按照规定，凡是进出口的商品检验都要由商检机构来完成。

没经过检验的商品一律不能进口
没有银行附签的信用证都是无效的
要合作的都应该先跟总公司联系
有独立法人资格的才能出具证明

3. 这些条款都应该明确写在合同里。

问题	事先想到
建议	仔细讨论一下
批评	记在你的备忘录里
言论	好好思考

二、词语搭配(不是唯一搭配) 어울리는 단어를 연결하세요. (여러 개의 답이 가능합니다)

进行	争议
按照	商检
具有	规定
负责	地位
接受	复验
出具	责任
分清	做法
避免	证明

三、将下面的词语组成句子 아래 주어진 단어로 문장을 만드세요.

1. 行 有关 由 的 不 机构 吗 检验 我国

2. 机构 商品 检验 贸易 中 的 主要 由 民间 承担 国际 来

3. 证书 卖方 的 凭证 检验 是 有效 结算 的

4. 互利 的 这 平等 原则 符合

5. 民间 是 家 著名 检验 的 机构 公司 这

四、用指定词语完成句子 주어진 단어로 문장을 완성하세요.

1. ______________，我都已经告诉你了。(凡是)
2. 这个文件要经过双方______________。(确认)
3. 我们在签订合同时，要把______________。(约定)
4. 合同______________，就有法律保护了。(一旦)

5. 大家都在动脑筋，____________________，都想过了。(凡是)

五、指出句子中的多项状语属于哪种关系 아래 문장 중 다항 부사어가 어떤 관계에 속하는지 밝히세요.

1. 我们应该有计划有步骤地安排生产。 (　　　　　　)
2. 职员们愉快地在度假村休息了两天。 (　　　　　　)
3. 她在大家面前不好意思地轻轻地唱起来。 (　　　　　　)
4. 他很流利地用汉语跟周围的客户进行交谈。 (　　　　　　)
5. 这样做对个人对公司都是有好处的。 (　　　　　　)
6. 讲解员有礼貌地把大家引到展台前。 (　　　　　　)

六、用给出的词语完成并列复句 주어진 단어로 병렬복문을 완성하세요.

1. 外边下着雨，____________________，这么糟糕的天气就先停一天工吧!(……，又……)
2. 他一边请客人坐下，____________________，热情地招待他们。(一边……，一边……)
3. 到了展览会，大家____________________，一面记录，感到收获非常大。(一面……，一面……)
4. 他去外地签合同，____________________。(……，同时……)

七、用本课的功能项目完成对话 본문의 기능(공능) 사항을 사용해서 대화를 완성하세요.

1. A：我认为我们应该把各自的责任条款都写下来。
   B：__________________________。(同意)

2. A：如果信用证不能按时开出，我们的合同就要终止。
   B：__________________________。(同意)

3. A：我们还是等等总公司的意见再作决定吧。
   B：我有权作出决定。__________________________。(决定)

4. A：这可是个大项目，需要很多资金。研究研究再说吧。
   B：机会难得，不要研究了。__________________________。(决定)

八、听录音 녹음을 들어보세요.

1. 一边听，一边在横线上填写汉字或数字
   들으면서 가로 줄 위에 숫자와 한자를 채워 넣으세요.

   (1) 上个月__________发给我公司的产品，经我国商检机构____________，磷含量超标。

   (2) 我们在收到贵公司开来的____________后，就按信用证的____________出货。

   (3) 检验结果磷含量______________，其他各项也都符合合同______________。

   (4) 货物颜色有点儿________，里边可以__________杂质，磷含量是________。

2. 复述听到的录音内容
   녹음내용을 복술해보세요.

3. 讨论 토론해보세요.
   根据录音内容，谈谈安排商品检验时应该注意的问题。

九、阅读 독해

1. 阅读短文，根据上下文的意思选出与原文画线词语意义最接近的词语
   짧은 글을 읽고, 앞뒷문장에 따라 원문에서 가로 줄이 있는 단어와 의미가 가장 접근한 단어를 고르세요.

   1. 报验人必须(1)按规定认真填写检验申请单，每份申请单只可填报一批商品，书写要工整，字迹要清楚，不得(2)随意涂改，项目填写齐全，译文准确，中英文内容一致，加盖报验单位公章；
   2. 报验人对所需检验证书的内容如有特殊要求，应预先在检验申请单上写(3)明；
   3. 申请报验时应按规定缴纳检验费；
   4. 报验人应预先约定抽样检验、鉴定的时间，提供进行抽样和检验鉴定等必要的工作条件；
   5. 已报验的出口商品，如国外开来的信用证修改函中有与商检有关的条款，报验单位须及时将修改函送商检机构，办理更改手续；
   6. 报验人如有特殊原因需撤销报验，经(4)书面申明原因后，可办理撤销报验；
   7. 报验人领取证书时应如实签署姓名和领证时间。对证书应妥善保管，以免丢失。各类证书应各按其特定的范围使用，不得混用。

(1) A. 由　　B. 照　　C. 放　　D. 从

(2) A. 跟着　　B. 愿意　　C. 随便　　D. 随时

(3) A. 完　　B. 出　　C. 清楚　　D. 完整

(4) A. 写在书上　　B. 写在本子上　　C. 用文字写出来　　D. 抄写报验结果

2. 根据短文内容，给短文选出最合适的标题（　　）
글 내용에 근거해, 가장 알맞은 제목을 달아주세요.

A. 这样填检验申请单　　B. 商品报验的要求
C. 报验的必要条件　　D. 领取证书的方法

3. 用自己的话复述短文的主要内容(要求：发音正确，条理清楚，语句通顺，突出主要内容)
자신의 말로 본문 내용을 바꾸어 진술해보세요.(요구사항: 발음이 정확하고 조리가 있어야 하며, 어순이 매끄럽고, 주요내용을 두르러지게 해야 합니다)

副课文
부본문

进出口检验的办法

买方检验权是一种法定的检验权。买卖双方一般都要在合同中对如何行使检验权的问题作出规定，检验的时间和地点是重要的内容。目前通行的做法有五种：

一是在出口国产地检验。发货前，由卖方检验人员会同买方检验人员对货物进行检验，卖方只对商品离开产地前的品质负责。离开产地后运输途中的风险，由买方负责。

二是在装运港(地)检验。货物在装运前或装运时由双方约定的商检机构检验，并出具检验证明，作为确认交货品质和数量的依据。这叫做以“离岸品质和离岸数量”为准。

三是在目的港(地)检验。货物在目的港(地)卸货后，由双方约定的商检机构检验，然后出具检验证明，作为确认交货品质和数量的依据。这叫做以“到岸品质和到岸数量”为准。

四是在买方营业处所或用户所在地检验。那些密封包装、精密复杂的商品常选择这种方法。

五是出口国检验，进口国复验。它的做法是把装运前的检验证书作为卖方收取货款的出口单据之一，货到目的地后，买方有权进行复验。如果双方认可的商检机构复验后，发现货物不符合合同规定，责任在卖方的，买方可在规定时间内向卖方提出异议和索赔，甚至可以拒收货物。

上述五种做法，各有特点，应根据具体的商品交易性质来选择。但对大多数的一般商品交易来说，“出口国检验，进口国复验”的做法最为方便、合理。因为这种做法一方面肯定了卖方的检验证书是有效的交接货物和结算的凭证，同时又确认买方在收到货物后有复验权，这符合各国法律和国际公约的规定。中国对外贸易大多采用这一做法。

词语表 단어

1. 产地	（名）	chǎndì	생산지
2. 途中	（名）	túzhōng	도중
3. 风险	（名）	fēngxiǎn	위험, 리스크
4. 依据	（名）	yījù	바탕, 근거
5. 离岸		lí àn	항구를 떠나다
6. 目的港	（名）	mùdìgǎng	목적항
7. 卸货	（动）	xièhuò	짐을 내리다, 하역하다
8. 到岸		dào àn	항구에 도착하다

9. 处所	(名)	chùsuǒ	장소, 곳
10. 所在地	(名)	suǒzàidì	소재지
11. 精密	(形)	jīngmì	정밀하다, 세밀하다
12. 目的地	(名)	mùdìdì	목적지
13. 索赔	(动)	suǒpéi	클레임을 제기하다, 배상을 구하다
14. 甚至	(连)	shènzhì	심지어
15. 拒收	(动)	jùshōu	수령을 거절하다
16. 公约	(名)	gōngyuē	공약

问题与讨论 질문과 토론

1. 买卖双方通常在合同中对检验权的哪些方面作出规定?
2. 行使检验权一般有哪几种做法?
3. 在出口国产地检验，买卖双方的责任是怎么划分的?
4. 对于那些密封包装、精密复杂的商品检验常选用哪种检验方法?
5. 中国对外贸易大多采用哪种检验方法?这种方法的优点是什么?

第2课 索赔

제 2 과

2

클레임

主课文 본문

A 李先生，我想跟您谈谈第2020号订单项下货物出现的问题。

B 哦，您能说得具体一些吗？

A 您大概还记得，第2020号订单是我们跟贵公司订购的2 000箱听装蘑菇罐头，这批货是由“云山”轮运到我方港口的。我们在提货的时候却发现缺了145箱货；而且我们拿到的货物里既有听装的，也有瓶装的，有的包装箱里的罐头盒上还有锈渍。我们要求索赔。

B 怎么会有这样的事?这真是太不可思议了。你们有商检机构出具的检验证书吗?

A 有，这是由咱们双方在合同中共同认定的商检机构出具的检验证书。

B (看检验证书)不过，我还是要先弄清楚这批货物究竟是在哪个环节出的问题，弄清怎么出现的质量问题，确定到底是谁的责任，应该向谁索赔，然后再跟您讨论索赔问题，您看怎么样?

A 您很清楚我们与贵公司的合同规定：如果货物与合同规定的内容

不符或者因为包装不良发生残损造成损失，卖方负责赔偿。

B 同样清楚的是，咱们在合同中约定，在运输途中，因为不可抗力造成货物损失，卖方是不负责赔偿的。何况货物是经过轮船运给你们的，这中间到底发生了什么情况，你我都不能随意猜测，要作调查，找出证据，您说是不是？

A 您说得有一定道理，不过这跟不可抗力联系不上。不可抗力是指水灾、火灾、地震或者战争一类的情况。我们订购的货物出的问题怎么能跟这些情况联系得上呢？

B 怎么联系不上？最近，海啸对轮船航行没有影响吗？船上的货物受到了什么影响，发生了什么变动，您都了解吗？您应该看一看有关的海事报告。

A 海事报告我们很快就能从有关方面得到。

B 如果是由于不可抗力造成的全部损失或部分损失，卖方是不承担责任的。

A 您说得不错，可是货物中出现了瓶装蘑菇罐头，这又怎么解释呢？

B 这就不好说了。船在大风大浪中什么都可能发生。

A 我公司希望尽早得到赔偿。您是知道的，合同中规定的索赔是有期限的。

B 我们也希望早日查清事故原因，解决问题。

A 那好，我们现在就开始工作吧。

词语表 어휘표

1. 索赔	（动）	suǒpéi	배상을 요구하다, 클레임을 제기하다
2. 哦	（叹）	ó	아니! 어! (커다란 놀라움, 반신반의함을 나타냄)
3. 听装	（形）	tīngzhuāng	깡통으로 포장하다
4. 蘑菇	（名）	mógu	버섯
5. 罐头	（名）	guàntou	통조림
6. 轮(船)	（名）	lún(chuán)	기선
7. 提货	（动）	tíhuò	물건을 꺼내다 (물건을) 출고하다
8. 瓶装	（形）	píngzhuāng	병포장, (액체 따위를)병에 넣어서 봉해 포장하다
9. 罐头盒	（名）	guàntouhé	통조림통
10. 锈渍	（名）	xiùzì	녹물
11. 不可思议	（成语）	bù kě sīyì	상상할 수 없다, 불가사의하다
12. 弄	（动）	nòng	…게 하다
13. 清楚	（形）	qīngchu	분명하다, 명백하다, 명확하다
14. 环节	（名）	huánjié	부분, 일환
15. 到底	（副）	dàodǐ	도대체
16. 不符	（动）	bùfú	서로 맞지 않다, 일치하지 않다
17. 不良	（形）	bùliáng	불량하다
18. 残损	（动）	cánsǔn	(물품이) 파손되다
19. 赔偿	（动）	péicháng	배상하다
20. 途中	（名）	túzhōng	도중
21. 不可抗力	（名）	bùkěkànglì	불가항력
22. 何况	（连）	hékuàng	하물며, 더군다나

23. 随意	（形）	suíyì	생각대로하다, 마음대로하다
24. 猜测	（动）	cāicè	추측하다
25. 证据	（名）	zhèngjù	증거
26. 水灾	（名）	shuǐzāi	수재, 수해
27. 火灾	（名）	huǒzāi	화재
28. 地震	（名）	dìzhèn	지진
29. 海啸	（名）	hǎixiào	해일
30. 航行	（名）	hángxíng	항행
31. 变动	（名）	biàndòng	변동
32. 海事	（名）	hǎishì	해상 사고, 해난, 해사
33. 大风大浪		dà fēng dà làng	거대한 풍랑
34. 尽早	（副）	jǐnzǎo	되도록 빨리
35. 早日	（副）	zǎorì	조기에, 조속히, 하루 속히
36. 查清		cháqīng	(사실을) 철저히 조사하다
37. 事故	（名）	shìgù	사고

专有名词

"云山"轮	"Yúnshān" lún	운산호

重点句 주요구절

1. 第2020号订单的货物出了什么问题，您能说得具体一些吗?

2. 你们有商检机构出具的检验证书吗?

3. 如果货物与合同规定的内容不符或因为包装不良发生残损造成损失，卖方负责赔偿。

4. 因为不可抗力造成货物损失，卖方是不负责赔偿的。

5. 你应该看一看有关的海事报告。

6. 您说得不错，可是货物中出现了瓶装蘑菇罐头，这又怎么解释呢?

7. 我公司希望尽早得到赔偿。

功能项目 주요기능

1. 提醒 주의

常用的表达方式有“你大概记得……”“千万别……”等。

자주 쓰이는 표현방식에는 “你大概记得……(당신은 아마 …을/를 기억할 거죠)”, “千万别……(절대…지 마세요)” 등이 있다.

例如：

(1) A：您大概还记得，第2020号订单是我们跟贵公司订购的2 000箱听装蘑菇罐头。
B：当然，怎么，有问题吗?

(2) A：贵方千万别忘了开信用证。
B：放心吧，我们马上就去办。

2. 解释 해명

常用的表达方式有“A是指B”“所谓A，就是B”“所说的，就是”等。

자주 쓰이는 표현방식에는 “A是指B(A는 B를 가리킨다)”, “所谓A，就是B(A라는 것은, 바로 B이다)”, “所说的，就是(말한 것은 바로 …이다)” 등이 있다.

例如：

(1) A：什么是不可抗力?
B：不可抗力是指水灾、火灾、地震或者战争一类的情况。

(2) A：总听人讲“专本连读”，它是什么意思?
B：专科学习以后直接进入本科学习，这就是通常所说的“专本连读”。

语法举要 주요 문법

1. 可能补语的引申用法 가능보어 확대사용법

“V+不上”用于表示事态或情况没有可能达到预定的程度。肯定形式为“V+得上”，表示事态或情况有可能达到预定的程度。

‘V+不上’은 사태나 상황이 예정된 정도까지 도달할 가능성이 없음을 나타내는데 사용된다. 긍정형식은 ‘V+得上’인데, 사태나 상황이 예정된 정도까거 도달할 가능성이 있음을 나타낸다.

例如：

(1) A：您说得有一定道理，不过这跟不可抗力联系不上。

B：怎么联系不上？

(2) 道路增加的速度好像永远也比不上汽车增长的速度。

(3) 有亿万资产的企业才算得上大企业。

2. 疑问代词表示任指(1) 임의의 것을 가리키는 의문대명사(1)

疑问代词除了表示疑问、反问之外，还可以用来表达对人或物的任指。疑问代词表示任指时，句中的“谁”表示任何人，“什么”表示任何情况或事物，“怎么”表示任何方式或方法，“哪儿”表示任何地方等。句中常用副词“也”或“都”和上述疑问代词呼应。

의문대명사는 의문, 반문을 나타대는 것외에도 가리키는 사람이나 사물을 정확히 밝힐 필요가 없거나 잘 모를때에도 쓰인다. 이때 “谁”는 말하는 사람이 정확하게 알지 못하는 ‘어떤 사람을, “什么”는 정확하게 꼽을수 없는 ‘어떤 것’을, “怎么”는 ‘어떤 방식과 방법’을, “哪儿”은 ‘어떤 장소’를 나타낸다. 그리고 자주 “也”혹은 “都”와 호응하여 쓰인다.

例如：

(1) 船在大风大浪中什么都可能发生。

(2) 我怎么也没有觉出那本书的好来。

(3) 爱运动的人不论住在哪儿都会自觉锻炼身体。

词语聚焦
주요 단어

1. 不可思议 불가사의 하다. 상상할수 없다.

成语，表示不能理解、不能想象。
성어. 이해, 상상할 수 없음을 의미하는데 쓰인다.

例如：
(1) 怎么会有这样的事?这真是太不可思议了。
(2) 短短半年的时间,公司的效益发生了根本的变化,人们都觉得这简直是不可思议的。
(3) 装上船的货物到港的时候却不见了，这真是不可思议的事情。

2. 到底 도대체

副词，用在问句中，表示进一步追问。相当于“究竟”。
부사. 의문문에 쓰여, 진일보로 캐묻는 걸 의미한다.
‘究竟(대관절, 도대체)’와 비슷하다.

例如：
(1) 我们会弄清(货物是)怎么出现的质量问题，确定到底是谁的责任。
(2) 你说船在海上出了问题，可是到底有多严重，你给讲一讲。
(3) 我看你在这儿找东西找了半天了，你到底在找什么呀?

3. 何况 더군다나, 하물며

连词，用反问的语气表示更进一层的意思。
접속사. 반문의 어투로 한층 더함은 나타낸다.

例如：
(1) 在运输途中，由于不可抗力造成货物损失，卖方是不负责赔偿的。何况货物是经过轮船运给你们的……
(2) 产品本来就不好出手，何况又遇上了经济不景气。
(3) 学好自己的母语就需要花大力气，何况学习外语呢。

4. 尽早 되도록 빨리

副词，争取最大可能提前。
부사. 최대한 앞당기기 위해 노력하다.

例如：

(1) 我公司希望尽早得到赔偿。
(2) 马上要到销售旺季，请尽早把这批货物发给我们。
(3) 发现商业机会就应该尽早抓住它。

배경 지식

经贸知识链接

贸易合同中的索赔条款
무역 계약중 배상 조항

买卖双方可根据交易的需要在合同中订立或不订立索赔条款。订立索赔条款通常有两种方式：

1. 异议和索赔条款

该条款是针对卖方交货品质、数量或包装不符合合同规定而订立的。主要内容包括索赔依据和索赔期限。索赔依据主要是指双方认可的商检机构出具的检验证书。索赔期限根据不同商品由双方约定。

2. 罚金条款

该条款是针对当事人不按期履约而订立的。如卖方未按期交货或买方未按期派船、开证。主要内容是规定罚金或违约金的数额。

罚金的支付并不解除违约方继续履行的义务，因此，违约方除支付罚金外，仍应履行合同义务；如因故不能履约，则另一方在收受罚金之外，仍有权索赔。

罚金条款常用于买卖大宗商品或成套设备的合同中。

거래 쌍방은 교역 수요에 근거하여 계약에서 배상조항을 적어 두거나 적어 두지 않을수 있다. 배상 조항은 흔히 두 가지 방식이 있다.

1. 이의와 배상.

이 조항은 매도인의 상품품질, 수량 혹은 포장이 계약서의 규정에 부합되지 않을 경우를 대비한 것이다. 주로 배상 근거와 배상 기한이 포함되는데 배상근거는 주로 쌍방이 인정하는 상품 검사기관에서 작성해 낸 검사증을 말한다. 배상 기한은 상품 종류에 따라 쌍방이 약속하는 것이다.

2. 벌금.

이는 주로 당사자가 기한내에 약속을 이행하지 않는 걸 대비한 것이다. 예를 들어 매도인이 물건을 제때에 보내지 않았거나, 매수인이 기한내에 선박 파견과 신용장 개설을 하지 않았을 경우이다. 주로 벌금 또는 위약금의 금액을 규정한다.

벌금 지불은 위바자가 후에 계속 이행해야 할 의무가 해제되는 것은 아니다. 때문에 약속을 어긴 측은 벌금을 지불하는 외에 자신의 의무를 계속 이행해야 하며, 약속을 지키지 못할 경우 다른 한 측에서는 벌금을 받는 것 외에도 클레임을 제기할 권리가 있다.

벌금 조항은 대량 상품이나 세트 설비의 계약에서 자주 사용된다.

练习 연습

一、替换练习 교체 연습을 해보세요.

1. 我还是要先弄清楚这批货物究竟是在哪个环节出的问题。

所办的手续
工程的质量
这项合同
项目停工

2. 这中间到底发生了什么情况，你我都不能随意猜测。

我们不便发表意见
很难作出推断
谁能说得清楚

只有当事者清楚

3. 您说得有一定道理，不过这跟不可抗力联系不上。

实际情况并不完全如此
事实却是现在这个样子
我方的理由更充分
您并没有完全把我说服

二、词语搭配(不是唯一搭配) 어울리는 단어를 연결하세요. (여러 개의 답이 가능합니다)

负责	损失
随意	原因
受到	问题
发生	工作
造成	赔偿
查清	猜测
解决	影响
抓紧	变动

三、将下面的词语组成句子 아래 주어진 단어를 사용하여 문장을 만드세요.

1. 检验 有 机构 的 商检 证书 吗 你们 出具

2. 方面 有关 报告 很 快 海事 能 从 得到 就 我们

3. 可能 都 船 中 什么 发生 大风大浪 在

4. 查清 也 希望 事故 早日 我们 原因

四、用指定词语完成句子 주어진 단어로 문장을 완성하세요.

1. A：给我们唱首歌有什么不好意思的?
   B：他在生人面前说话都害羞，____________________。(何况)
2. 这个问题你____________________?你快说呀!(到底)
3. A：我们发现包装箱里的货物件数不够。

B：真的？________。缺了多少？(不可思议)

A：缺了 145 箱。我们要对此提出索赔。

B：如果在运输途中，由于不可抗力造成货物损失，卖方是不负责赔偿的。________。(何况)

4. A：由于合同中规定的索赔是有期限的，________。(尽早)

B：我们也希望尽快解决问题。但________，现在还不好下结论。(到底)

五、将下列句子改成带有表示任指的疑问代词的句子 아래 문장을 임의의 것을 가리키는 의문대명사가 들어간 문장으로 바꾸세요.

1. 这里每个人都认识他。

2. 你上午来也行，下午来也行，晚上来也行。

3. 这里山顶、树林、水边，每个地方都值得去。

4. 这种东西蒸着吃、煮着吃、烤着吃都可以。

六、用给出的可能补语完成句子 주어진 가능보어로 문장을 완성하세요.

1. ________，不过房间里生活必需品样样都有，也不显得拥挤。(谈不上)
2. ________，无论质量还是价格都比这种差。(比不上)
3. 工作以后________，我在大学学的专业都白学了。(用不上)
4. 还有两分钟车就要开了，________。(赶不上)

七、用本课的功能项目完成对话 본문의 기능(공능) 사항을 사용해서 대화를 완성하세요.

1. A：________。(提醒)

B：会是下午两点的，我忘不了。

2. A：________？(提醒)

B：当然记得，合同里特别写明“非典”属于不可抗力。

3. A：什么是瓶装罐头？

B：________。(说明)

4. A：什么叫赔偿?

B：______________________________。(说明)

八、听录音 녹음을 들어보세요.

根据提问从A、B、C、D中选出最恰当的答案

질문에 근거해 A, B, C, D 중 가장 알맞은 답을 고르세요.

1. ( )

A. 对方发货数量不够

B. 对方货物质量有问题

C. 对方没有检验证书

D. 对方未按期交货

2. ( )

A. 按女方国家的标准验收

B. 按男方国家的标准验收

C. 按双方商定的标准验收

D. 按商检机构的标准验收

3. ( )

A. 男方没有商检机构的检验证书

B. 男方商检机构的检验证书无效

C. 男方没有货物一等品合格证书

D. 男方没有对货物进行认真检验

九、阅读 독해

(一)阅读短文，根据要求完成练习

글을 읽고, 요구사항에 맞게 연습문제를 완성하세요.

1997年，我国WK外贸公司向香港出口一批罐头，共500箱，按照CIF HONGKONG向保险公司投保一切险。但是因为海运提单上只写明进口商的名称，没有详细注明其地址，货物抵达香港后，轮船公司无法通知进口商来货场提货，又未与WK公司的货运代理联系，自行决定将该批货物运回起运港天津新港。在运回途中因为轮船渗水，有229箱罐头受到海水浸泡。货物运回新港后，WK外贸公司没有将货物卸下，只是在海运提单上补写进口商详细地址后，又运回香港。进口商提货时，发现罐头已经生锈，就只提取了未生锈的271箱罐头，其余的罐头又运回新港。WK外贸公司发现货物有锈蚀后，凭保险单向保险公司提起索赔，要求赔偿229箱货物的锈损。保险公司经过调查发现生锈发生在第二航次，而不是第一航次。投保人未对第二航次投保，不属于承保范围，于是保险公司拒绝赔偿。

1. 根据短文选择正确答案 본문에 근거해 정확한 답을 고르세요.

(1) 货物第一次运回起运港天津新港的原因是(　　)
A. 没有投保一切险　　B. 收货人地址不明
C. 货物数量不足　　D. 根据出口商的要求

(2) 造成货物质量问题的直接责任人是(　　)
A. 出口商　　B. 进口商
C. 轮船公司方面　　D. 港口方面

(3) 进口商提走了多少货物? (　　)
A. 全部　　B. 500 箱
C. 271 箱　　D. 229 箱

(4) 下面哪种情况跟文章内容不符? (　　)
A. 货物是第二次航行时发生的锈蚀
B. 因保险单过期出口商不能得到赔偿
C. 进口商向出口商订购了 500 箱罐头
D. 货物在天津与香港两地往返了两次

2. 用自己的话复述短文内容(要求：发音正确，条理清楚，语句通顺，突出主要内容)
자신의 말로 본문 내용을 바꾸어 복술해보세요.(요구사항: 발음이 정확하고, 조리 있어야 하며, 어순이 매끄럽고, 주요내용을 두르러지게 해야 합니다)

3. 讨论 토론해보세요.
(1) 在这个索赔案中 WK 外贸公司有无责任，为什么?
(2) WK 外贸公司为什么得不到赔偿?
(3) 轮船公司在这起案件中有无责任，为什么?
(4) 如何才能避免发生类似的事情?

(二)阅读图片上的简短文字，根据问题选出最恰当的答案
도표 위의 짧은 문장을 읽고, 질문에 근거해 가장 알맞은 답을 고르세요.

买方违约索赔图示 구매자 계약위반 클레임 도표.

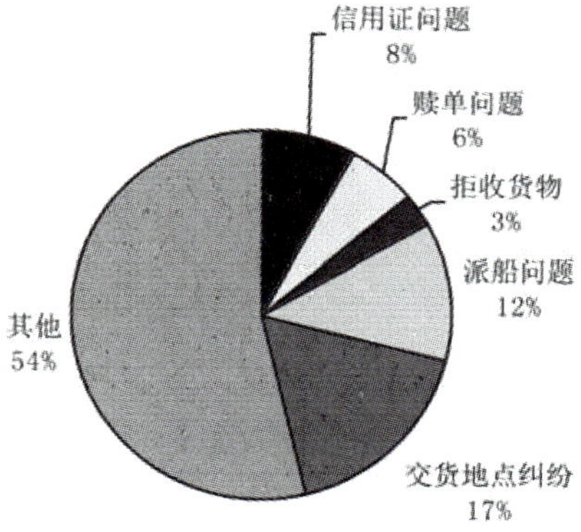

1. 买方违约造成各类索赔案件的情况是（　）
   A. 派船问题是赎单问题的2倍
   B. 其他比赎单问题多9倍
   C. 信用证问题多于派船问题
   D. 交货地点纠纷的百分点最少

卖方违约索赔图示　판매자 계약위반 클레임 도표.

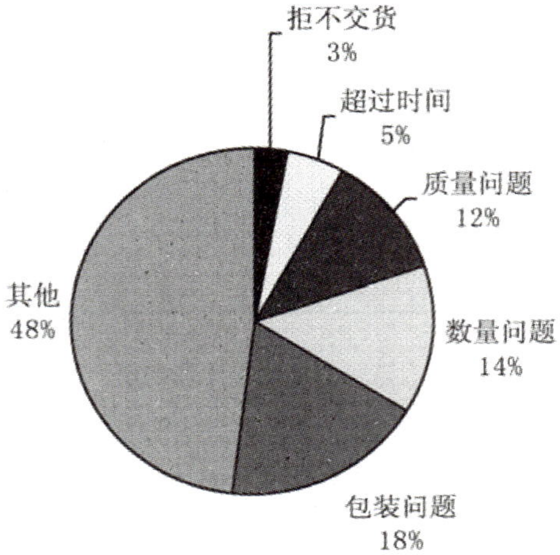

2. 根据卖方违约索赔图示我们知道（　）
   A. 卖方由于超过时间而违约的比例低于他们拒不交货的比例
   B. 在上述违约情况中，“包装问题”“数量问题”的百分比均高于“其他”的百分比
   C. 索赔图示中“其他”一项约占全部违约的半数，说明违约种类多且不易分类
   D. 包装问题相当大，它所占的比例是数量问题与超过时间的比例之和
3. 请对“买方违约索赔图”和“卖方违约索赔图”作出口头说明
   要求：
   (1) 语句顺畅，有条理；
   (2) 表述时尽量用上学过的词语和表达方法；
   (3) 发音正确。

十、写作　작문

阅读例文，模仿写投诉信和答复信
예문을 읽고, 고소장과 회답서를 모방해 쓰세요.

1. 投诉信 고소장

对第45862号订单项下货物质量的投诉

建宇制笔有限公司

张明经理：

我公司3月30日第45862号订单项下1 000支GP1208铱金笔，质量很差。有的笔帽笔杆不配套，有的写字时漏水，在纸上留下污渍。许多顾客要求换货或退款。因此，我们要求把没有售出的420支GP1208铱金笔退还你公司，或者用前一次向你们订过的那种质量好的GP1206铱金笔替换。请尽快答复。

金华商贸总公司
经理：李卫
2006年6月15日

2. 答复信 회답서

对第45682号订单货物质量投诉的答复

金华商贸总公司：

你公司6月15日电悉。你们的投诉已引起我们的注意，我们将尽力避免再次发生此类事情。450支GP1206铱金笔不久即发往你公司，替换尚未售出的420支GP1208铱金笔，并请将未出售的420支笔退还我公司，运费即付，多出的30支GP1206铱金笔，为我方免费提供，以备顾客前来更换。

顺祝

财安

建宇制笔有限公司
经理：张明
2006年6月25日

注意书写格式：(1)信的标题；(2)收信人单位，收信人称呼；(3)正文：即申诉的内容，要有时间、货号、货名、质量评价；(4)要求的内容；(5)信尾套语；(6)署名：寄信人单位、寄信人姓名与职务、日期。

副课文
부본문

一起索赔案

某出口公司向加拿大魁北克(Quebec)某进口商出口500公吨核桃仁，合同规定价格为每公吨4 800加元CIF魁北克，装运期不得晚于10月31日，不得分批装运和转船。而且规定货物要在11月30日以前到达目的地，否则买方有权拒绝接收。支付方式为90天远期信用证。加方于9月25日开来信用证。该出口公司于10月5日装船完毕，但船行驶到加拿大东岸时已经是11月25日，这个时候魁北克已经开始结冰，承运人担心船驶进魁北克以后无法出港，于是根据自由转船条款，指示船长将运往魁北克的货物全部卸在加拿大另一港口城市，然后从那里改装火车运往魁北克。等这批核桃仁运到魁北克已经是12月2日。于是进口商要求该出口公司降价20%弥补他们的经济损失，否则以货物晚到为由拒绝提货。经过多次交涉，最终该出口公司以降价15%了结了这个案子，该出口公司在这笔业务上共损失36万加元。

词语表 단어

1.	公吨	(量)	gōngdūn	톤
2.	核桃仁	(名)	hétáorén	호두의 속알맹이
3.	远期	(名)	yuǎnqī	선물
4.	完毕	(动)	wánbì	끝나다, 종료하다
5.	结冰		jié bīng	얼다, 동결하다

6.	承运人	(名)	chéngyùnrén	운송업자
7.	驶	(动)	shǐ	운전, 조종하다,(차, 배 등 교통수단이) 빨리 달리다, 질주하다
8.	转船		zhuǎn chuán	환적(화물을 옮겨 적재하는 것)
9.	船长	(名)	chuánzhǎng	선장
10.	运往		yùn wǎng	…(으) 로 운송하다
11.	卸	(动)	xiè	(짐을) 내리다, 풀다,내리다
12.	改装	(动)	gǎizhuāng	짐을 다시 꾸기다
13.	了结	(动)	liǎojié	결말이 나다, 해결하다, 끝나다

专有名词

1.	加拿大	(地名)	Jiānádà	캐나다
2.	魁北克	(地名)	Kuíběikè	퀘벡 (캐나다 동부의 주)

问题与讨论 질문과 토론

1. 这笔核桃仁生意的合同价格是怎么规定的?
2. 承运人为什么改变了运货的路线?
3. 承运人有权擅自改变目的港吗?
4. 这笔核桃仁生意的合同有什么特点?
5. 该出口公司有哪些避免损失的办法?

제 3 과

第 3 课 3 不可抗力

불가항력

主课文 본문

A 作为卖方，我们对合同中的不可抗力条款非常关心。

B 我们能够理解。这对我们买方也同样重要，它关系到双方的切身利益。

A 不过，关于不可抗力，各个国家的法律解释有些不同，我们在签订合同以前，应该对这个概念达成一致的意见。

B 您的这个建议非常好。为了避免发生争议，双方是应该先明确一下它的定义。

A 我方认为，不可抗力有三个特征：它是签约以后发生的；它不是由于任何一方当事人的过失或疏忽造成的；它是双方当事人不能控制、不能预见、无法避免的。

B 我们同意这样的概括。这类事故主要是由两个方面引起的，一个是自然原因，比如地震、水灾、火灾、飓风、大雪、暴风雨等；另一个是社会原因，比如战争、罢工、政府禁令等。

A 那像突发“非典”这样的情况也应该算是不可抗力的情况喽？

B “非典”是否属于不可抗力，这可不好说。

A 可我们必须有约在先，看法一致才好去做。像“非典”这一类情况就应该在合同中明确规定，它属于或者不属于不可抗力。

B 我们同意仔细研究一下这类问题，然后把它写在合同里。

A 据说，不可抗力条款有三种处理办法。一种是概括式规定，在合同中不具体订明哪些现象是不可抗力事故，一旦发生人力不可抗拒的事故，与另一方协商延长履行合同时间，对方不能提出赔偿要求。

B 这个方法最容易产生争议。

A 另外一种方法是列举式规定，就是刚才前面提到的自然原因或社会原因造成的那些情况。卖方必须向买方提交事故发生证明书，这个证明书是由商定的仲裁部门出具的。

B 可这样并不能确定“非典”一类的突发事件的性质，所以，也容易产生争议。

A 还有一种方法是综合式规定，就是采用概括和列举综合并用的方式。

B 听了这三种处理方法，我想咱们双方还是先对“非典”这类问题是否算不可抗力取得一致意见，然后本着友好合作的精神和公平合理的原则处理突发的问题吧。

A 您说出了我们也想说的话。咱们就以此为基础讨论这个问题吧。

词语表 어휘표

1. 各个	(代)	gègè	각각
2. 定义	(名)	dìngyì	정의
3. 特征	(名)	tèzhēng	특징
4. 签约	(动)	qiānyuē	계약하다
5. 当事人	(名)	dāngshìrén	당사자
6. 过失	(名)	guòshī	과실, 잘못, 실수
7. 疏忽	(名)	shūhū	소홀히 하다, 부주의하다, 경솔하다
8. 预见	(动)	yùjiàn	예견하다
9. 无法	(动)	wúfǎ	…할 수 없다, …할 방법이 없다
10. 类	(量)	lèi	종류
11. 飓风	(名)	jùfēng	허리케인, 풍력이 12급 이상인 바람
12. 大雪	(名)	dàxuě	대설
13. 暴风雨	(名)	bàofēngyǔ	폭풍우
14. 突发	(动)	tūfā	갑자기 발생하다
15. 非典	(名)	fēidiǎn	조류독감
16. 算是	(动)	suànshì	…(으)로 간주하다 , …(으)로 치다
17. 喽	(助)	lou	주의를 환기시키는 말투 , (…겠네?)
18. 是否	(副)	shìfǒu	…인지 아닌지
19. 有约在先		yǒu yuē zài xiān	미리 약속했다, 선약이 있다
20. 据说	(动)	jùshuō	제가 아는 바에 의하면, 말하는 바에 의하면, 듣건데

21. 概括式	（名）	gàikuòshì	총괄식, 개괄식
22. 订明		dìng míng	분명하게 정하다
23. 人力	（名）	rénlì	인력
24. 抗拒	（动）	kàngjù	저항하다, 거역하다, 거부하다
25. 协商	（动）	xiéshāng	협상하다
26. 履行	（动）	lǚxíng	실행하다, 이행하다
27. 列举式	（名）	lièjǔshì	열거식
28. 综合式	（名）	zōnghéshì	종합식
29. 并用	（动）	bìngyòng	병용하다, 함께 사용하다
30. 本着		běn zhe	…에 근거하여, …에 입각하여 …을 기준으로
31. 以此		yǐ cǐ	이것으로(써), 이것을 가지고

重点句 주요구절

1. 关于不可抗力，各个国家的法律解释有些不同。

2. 这类事故主要是由两个方面引起的。

3. 像“非典”这一类情况就应该在合同中明确规定。

4. 我们同意仔细研究一下这类问题。

5. 这个方法最容易产生争议。

6. 卖方必须向买方提交发生事故的证明书。

功能项目
주요기능

1. 不肯定 긍정할수 없다. 확정적이지 않다.

常用委婉的表达方式，如“我不好说”“我不能肯定”“这就不好说了”等。

자주 완곡하게 “我不好说(전 말하기 곤란합니다)”, “我不能肯定(저는 확실하지 않습니다)”, “这就不好说了(이건 말하기가 어렵습니다)” 등을 쓴다.

例如：

(1) A：“非典”算不算不可抗力呢？
B：“非典”是否属于不可抗力，这可不好说。

(2) A：今天的晚会他能来参加吗？
B：最近他工作特别忙，今天晚上能不能来，我不能肯定。

2. 转述 전달

常用的表达方式有“(某人)让我告诉你”“(听)……说”“据说……”“有介绍说……”

자주 쓰이는 표현방식에는 / “(某人)让我告诉你(어떤 사람이 당신께 전해달라고 했어요)”, “(听)……说(이 / 가 하는 말씀을 들어보니까)”, “据说……(말하는 바에 의하면)”“有介绍说……(설명, 소개에 의하면…)” 등이 있다.

例如：

(1) A：遇到不可抗力情况的时候应该怎么处理？
B：据说，不可抗力条款有三种处理办法。

(2) A：这家老公司今年的经营情况真不错。
B：是啊，据说创下了1906年以来的最高盈利纪录。

语法举要 주요문법

1. 动宾结构做宾语 '동사 + 목적어' 구조가 전 문장에서 목적어 가 될 때

动宾结构跟在表示心理状态的动词后边，充当宾语。表示心理状态的动词有“感觉”“感到”“希望”“以为”“认为”等。

'동사 + 목적어' 구조가 심리 상태를 나타내는 동사 뒤에 붙어, 목적어 역할을 한다. 이러한 동사에는 “感觉(느끼다)”,“感到(느끼다, 여기다, 생각하다)”, “希望(희망하다, 원하다)”,“以为(여기다. …로 착각하다)”, “认为(여기다, 인정하다)” 등이 있다.

例如：

(1) 我们同意仔细研究一下这类问题。
(2) 我以为已经签完合同了。
(3) 我们希望马上装船。

2. 紧缩句 긴축문

紧缩句是用单句形式表达复句内容的句子。一般是由复句压缩而成的，句中常包含关联词语，也有隐含关联词语的情况。

긴축문은 단문의 형식으로 복문의 내용을 나타내는 문장을 말한다. 일반적으로 복문을 압축해서 만들어진것인데, 문장 가운데는 항상 연결부사가 포함되거나 혹은 연결부사가 포함되지는 않았지만 연결부사를 넣을수 있다.

例如：

(1) 看法一致才好去做。
(2) 你有什么问题就直接说出来吧。
(3) 咱们签完合同就可以动工了。

词语聚焦

주요 단어

1. 特征 특징

名词，人或事物特有的征象、标志。
명사. 사람이나 사물에게 특유한 징후, 상징.

例如：

(1) 请把不可抗力的特征给我们讲一讲。
(2) 一些名牌产品为了维护自己的利益，增加了防伪特征。
(3) 大风的形成取决于环流和海温特征。

2. 无法 … 할 수 없다.

动词，没有办法。
동사. 방법이 없다.

例如：

(1) 这个问题是难以处理，但还不是无法解决。
(2) 这么高的价格一般消费者无法接受。
(3) 关于违约的处理问题，我们在讨论合同的时候是无法避免的。

3. 算是 … 인 셈이다. …라 할수 있다. …으로 치다.

动词，当作，可以认为是。
동사. … (으) 로 간주하다. … (으) 로 여길 수 있다.

例如：

(1) 经过几个月的谈判，现在算是把合同细节最后确定下来了。
(2) 这个案件算是给广大企业留下的一个教训。
(3) 现在自己开车旅游算是一种开始流行的旅游方式。

4. 是否 … 인지 아닌지

副词，是不是。带有文言色彩的表达方式。
부사. 문어적인 색채를 지닌 표현 방식이다.

例如：
(1) 您是否真的想要这批货，请尽快决定。
(2) 价格是否合理，从商品销售情况也能看出一些来。
(3) 公司应该关心员工的合法权益是否得到了有效保障。

5. 本着 … 에 근거해서, … 에 입각하여, … 에 따라

介词，按照规定。它的宾语常为"精神、态度、原则、指示、方针"等抽象名词，宾语前常有修饰语。
개사. 규정에 따라 뒤에 오는 목적어는 항상 '(精神), (态度), (原则), (指示), (方针)' 등 추상적인 명사이며 목적어 앞에 수식어가 따른다.

例如：
(1) 咱们双方应该本着平等友好的原则讨论合作的项目。
(2) 我们要本着负责任的精神处理当前的问题。
(3) 合同双方应当本着诚实信用、平等公平的原则进行协商。

배경 지식
经贸知识链接

不可抗力免责的规定
불가항력 면책의 규정

《联合国国际货物销售合同公约》规定，一方当事人享受的免责权利只在履约出现障碍期间是有效的，如果合同未经双方同意宣告无效，合同关系就依然继续存在；一方履行责任的障碍消除后，双方当事人仍要继续履行合同义务。所以不可抗力事件所引起的后果，可能是解除合同，也可能是延期履行合同，双方要根据具体情况来商定。《公约》还规定在不可抗力事件发生后，违约方必须及时通知另一方，在提供必要的证明文件的同时，提出处理意见。如果未及时通知而使另一方受到损害，就应负责赔偿。

'유엔 국제화물 판매계약 공약' 의 규정에 의하면, 한 쪽 당사자가 향수 할수 있는 면책 권리는 단지 계약이행시 문제가 발생할 기간 에서만 유효한 것이다. 만일 쌍방의 동의를 거치지 할고 무효를 선고했을 경우 계약 관계는 여전히 존재한다. 그리고 한 쪽 책임을 이행하는데 장애가 될 문제가 해소 되었을 때는 당사자 쌍방은 여전히 계약의무를 이행해야 한다. 때문에 불가항력으로 계약이 헤제되거나, 계약이행이 연기될 두가지 가능성이 있는에, 쌍방은 구체적인 상황에 따라 협상해결해야 한다.

'공약' 에서는 또 불가항력이 발생했을 경우, 계약위반지는 즉시 상대방에게 알려야 하며, 필요한 증명문건을 제공하는 동시에 처리의견을 제출해야 한다고 규정했다.

练 习 연습

一、替换练习 교체 연습을 해보세요

1. 作为卖方，我们对合同中的不可抗力条款更关心。

厂家	产品是否能够占领市场
买家	货物的价格
客户	商品的质量

2. 为了避免发生争议，双方是应该先明确一下它的定义。

产生矛盾	双方要主动寻找解决问题的办法
出现问题	我们最好把该想到的问题都想到
遇到麻烦	大家过海关前先检查一下自己的行李

3. "非典"是否属于不可抗力，目前双方的意见并不一致。

货物短量	我方的问题
包装破损	赔偿范围
颜色变化	质量问题

4. 这对我们买方也同样重要。它关系到我方的切身利益。

企业发展的前途
顾客对我们的信任
增产创收的问题

二、词语搭配(不是唯一搭配) 어울리는 단어를 연결하세요. (여러 개의 답이 가능합니다)

避免	要求
明确	方式
研究	性质
延长	时间
提出	争议
确定	问题
采用	定义

三、将下面的词语组成句子 주어진 단어로 문장을 만드세요.

1. 切身　关系　它　到　的　利益　双方
2. 非常　建议　您　好　的　这个
3. 出具　这个　是　仲裁　的　部门　证明书　由　商定　的
4. 应该　我　取得　咱们　一致　双方　意见　想
5. 说　您　出　说　了　也　的　话　想　我们

四、用指定词语完成句子 주어진 단어로 문장을 완성하세요.

1. 你能告诉我吗，这个词用得____________________?(是否)
2. 应该____________________，处理双方的问题。(本着)
3. 我心里的感谢之情是____________________。(无法)
4. 这个小礼物请收下，____________________。(算是)

5. 他办事果断，这是____。(特征)

五、完成对话 대화를 완성하세요.

要求：答句谓语用上“觉得”“希望”“打算”“认为”，宾语用动宾结构。
(주의사항:“感觉”，“希望”，“打算”，“认为”를 술어로, 목적어는 ‘동사 + 목적어’ 구조를 사용해야 합니다.)

1. A：这个问题对你来说挺重要，你希望跟谁谈这个问题？
   B：确实是这样。________________________。
2. A：作为商家，你认为什么时候销售羽绒服最好？
   B：________________________。
3. A：我认为应该继续讨论一下这个问题。
   B：我不同意。________________________。
4. A：你们贸易公司打算订多少套西装？
   B：现在西装销售量不大，________________________。

六、将复句改为紧缩句 주어건 복문을 긴축문으로 바꾸세요.

例如：
产品质量要是不合格，就不能出厂。
产品质量不合格不能出厂。

1. 要是对方不同意，我们该怎么办？
   ____。
2. 这个工作你即使不想干，你也应该干。
   ____。
3. 我们尽了最大努力，可是没有成功。
   ____。
4. 既然双方对这个项目意见不一致，就不要谈下去了。
   ____。

5. 这种货如果受欢迎，就多进一些。

____。

七、用本课的功能项目完成对话 본문의 기능(공능) 사항을 사용해서 대화를 완성하세요.

1. A：货物什么时候能到卸货港？
   B：现在正是台风季节，船要停靠避风，______________________。(不肯定)

2. A：贵公司准备跟哪家公司合作？
   B：要等总公司的意见，______________________。(不肯定)

3. A：您知道吗，我们作为代理商可以得到多少佣金？
   B：______________________。(转述)

4. A：包装只有保护商品的作用吗？
   B：不止。______________________。(转述)

八、听录音 녹음을 들어보세요.

1. 根据提问从 A、B、C、D 中选出最恰当的答案
   질문에 근거해 A,B,C,D 중 가장 알맞은 답을 고르세요.

(1) (　　)
A. 要增加订购芦笋　　C. 什么是不可抗力
B. 芦笋价格提高了　　D. 要重新签订合同

(2) (　　)
A. 10 万美元　　C. 15 美元
B. 20 美元　　D. 5 美元

(3) (　　)
A. 女方的公司　　C. 双方公司
B. 男方的公司　　D. 都不承担

(4) (　　)
A. 合同定得有问题　　C. 故意抬高价格

B. 不可抗力事件　　　　　　　　D. 违约行为

2. 复述这段话的内容
녹음내용을 복술해보세요.

九、阅读 독해

1996年2月13日，中国技术进出口公司与某国国营烟厂签订了《卷烟纸购销合约》。合约规定:中国技术进出口公司向该国国营烟厂出口价值300万美元的卷烟纸36万盘，自1996年3月至1996年10月分八次向买方交货。

合约签订后，中国技术进出口公司即将该批卷烟纸的生产事宜委托给某省造纸有限公司。1996年3月至6月间，合约一直履行得很好。进入7、8月份以后，该省境内普降大雨，造成桥毁路阻，公路交通阻塞现象时常发生。某省造纸有限公司生产卷烟纸所用纸浆均从巴西进口，在天津港卸货后用汽车运至该省。途中遇雨受阻，耽误了行程，使造纸有限公司的生产受到影响，致使第五批货物的交货时间延期1个月。根据《卷烟纸购销合约》第七款规定:"卖方同意买方以提单为依据，从装运限期届满的翌日直到卖方将产品全部装运上船之日，根据尚未装上船的产品价值(每批货物价值约37.5万美元)，每日罚款0.2%。"为了避免经济损失，造纸有限公司于1996年9月3日来到该省公证处申请办理不可抗力公证。

公证处于1996年9月4日正式受理了这项公证。由于对该省境内7、8月份的普降大雨是否构成了合同中所说的不可抗力不容易确定，当事人请交通部门和气象部门出具了7、8月份该省境内交通和气象情况的证明，然后再由公证处对此项证明作出公证。该省交通厅出具了因降雨量大，省内当时因水灾造成公路毁坏及交通阻塞的证明;该省气象局出具了7至8月份该省及周边地区的降雨量的详细数据的证明。经核查属实后，公证处以影印件与原件相符、印鉴属实的方式为当事人出具了公证书。公证书经外交部和该国驻华使馆认证后寄往该国，被该方认可。该方确认本次交货的延误是因不可抗力事件造成的，免除了18 000美元的罚金，并把第五批货物的交货时间由原定的7月份延至8月份。

这些不可抗力事件证明和公证书使造纸有限公司及中国技术进出口公司避免经济损失4.5万美元。

1. 根据短文内容选出最恰当的答案
본문 내용에 근거해 가장 알맞은 답을 고르세요.

(1) 下面哪种情况与短文内容相符?(　)
A. 某省造纸有限公司与某国国营烟厂签订了卷烟纸购销合同

B. 巴西纸浆由于天气原因不能按时进口
C. 8 次交货中，前 4 次都按时交货了
D. 交通部门出具了当时天气不好的证明

(2) 由于天气的原因有几批货延期装运上船?(　　)
A. 4 批　　B. 3 批　　C. 2 批　　D. 1 批

(3) 经过几个部门出具手续，造纸有限公司的不可抗力申请才最后得到对方认可，未被要求罚款的?(　　)
A. 2 个　　B. 3 个　　C. 4 个　　D. 5 个

(4) 适合做这篇短文的题目的是 (　　)
A. 公证书在不可抗力事件中的作用
B. 合同的纠纷与解决
C. 大雨带来的经济损失
D. 造纸有限公司的一份合同

2. 简答　아래 질문에 대답하세요.

(1) 中国技术进出口公司与某国国营烟厂签订《卷烟纸购销合约》的主要内容是什么?
(2) 造成合同不能正常履行的原因是什么?
(3) 你认为造纸有限公司遇到的情况是否属于不可抗力事件?为什么?
(4) 造纸有限公司是怎样收集不可抗力证据的?

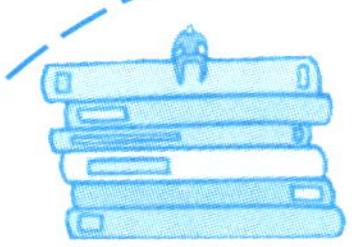

副课文
부본문

不可抗力事件的认定处理

为不可抗力事件出具证明的机构，大多为当地商会。在中国，由中国国际贸易促进委员会(即中国国际商会)担当。出具不可抗力证明的机构当接到一方的不可抗力事件的通知和证明文件后，应根据事件性质，决定是否确认其为不可抗力

事件，并把处理意见及时通知当事的另一方。

不可抗力事件的处理，关键是对不可抗力事件的认定。尽管合同中的不可抗力条款已作出一定说明，但在具体问题上，双方会对不可抗力事件是否成立出现分歧。以下是要注意的两种情况：

首先，要区分商业风险和不可抗力事件。商业风险往往也是无法预见和不可避免的，但是它和不可抗力事件的根本区别在于一方当事人承担了风险损失后，有能力履行合同义务。典型的情况是对“种类货”的处理，这类货物可以从市场上买到，因此卖方通常不能免除交货的责任。

还有，要重视“特定标的物”的作用。在买卖合同中，买和卖的物就是标的物。标的物的所有权自标的物交付起发生转折。人们常把包装后刷上唛头的货物或在运输单据上注明的货物确定为合同的标的物，称它们为“特定标的物”。这类货物由于意外事件而灭失，卖方可以确认为不可抗力事件。如果货物并未特定化，就会造成免责的依据不足。比如三万米棉布在储存中由于不可抗力损失了一万米，如果棉布是分别卖给两个货主的，又没有对棉布作特定化处理，卖方对两个买主就都无法引用不可抗力条款免责。

词语表단어

1. 分歧	（名）	fēnqí	(의견 따위의) 불일치, 상이
2. 区分	（动）	qūfēn	구분하다
3. 在于	（动）	zàiyú	… 에 있다.
4. 典型	（形）	diǎnxíng	전형적이다
5. 种类	（名）	zhǒnglèi	종류
6. 免除	（动）	miǎnchú	면하다
7. 特定	（形）	tèdìng	특정하다, 특별히 지정하다

8. 标的物	（名）	biāodìwù	표적물
9. 称为		chēng wéi	…로 일컫다, …으로 불리다
10. 灭失	（动）	mièshī	없어지다
11. 并未		bìng wèi	결코… 한 적이 없다
12. 免责	（动）	miǎnzé	책임을 면하다
13. 棉布	（名）	miánbù	면직물
14. 储存	（名）	chǔcún	저장
15. 货主	（名）	huòzhǔ	화주
16. 引用	（动）	yǐnyòng	인용하다

专有名词

中国国际贸易促进委员会	Zhōngguó Guójì Màoyì Cùjìn Wěiyuánhuì	중국국제무역촉진위원회

问题与讨论 질문과 토론

1. 一般出具不可抗力事件证明的是什么机构?
2. 对不可抗力事件的认定应该注意什么?
3. 什么是“特定标的物”?
4. 谈谈把货物定为“特定标的物”的作用。
5. 根据“棉布免责”事件，你认为在签订合同时应注意哪些事项?

제 4 과

第 4 课　仲裁

중재

主课文 본문

A 如果在合同执行过程中发生争议，贵方是怎么考虑的？

B 这种情况是我们最不愿意看到的。不过，做国际贸易，我们的确应该把各种可能发生的情况都估计到。双方选定一家仲裁机构，在发生争议的时候由它来仲裁，这无论如何都是必要的。

A 我觉得遇到问题还是由双方商量解决为好。俗话说：和为贵嘛！

B 这好是好，不过，最好还是选定一家仲裁机构，免得发生争议的时候双方为难。

A 既然如此，我方接受你方的意见。那下面我们来讨论有关仲裁的问题吧。

B 按照一般惯例，合同中的仲裁条款，应该写明这样一些内容，首先是仲裁地点，其次是仲裁机构，第三是仲裁程序，第四是仲裁裁决的效力，第五是仲裁费用的负担，第六是仲裁条款格式。

A 我希望写明仲裁地点在我国。我方对本国的仲裁规定比较熟悉，而对其他国家的仲裁规定不了解。

B 我方认为，为了公平起见，双方还是选第三国仲裁为好。

A 选双方国家的仲裁机构不是方便些吗？

B 它直接涉及利益问题，我想还是选第三国来仲裁最公平，也最为稳妥。国际上常设的仲裁机构不少，有些仲裁机构很有声望，比如英国伦敦仲裁院和瑞士苏黎士商会仲裁院，我们可以选它们中间的一个！

A 关键要选择态度公正的第三国仲裁机构。

B 那当然。还有，采用的仲裁规则在合同中也应该注明。

A 各国的仲裁规则都一样吗？

B 大体相同。可能会有一些差别。据我所知，常规的做法是采用仲裁所在地的仲裁规则。

A 如果是这样，我们应该把准备选择的那些仲裁机构的仲裁规则好好研究一下，比较一下，看看哪个更公平合理，然后再确定选择哪个仲裁机构。

B 为了明确仲裁的效力，仲裁条款上要写明：仲裁做出的裁决是终局性的，对双方都有约束力。

A 既然引起争议是双方互动的结果，仲裁的费用由双方共同负担，这总应该是公平的吧。

B 不，通常是由败诉方承担。这条要明确写在合同条款中。……您看，我们的仲裁条

款是不是可以这样写：凡因执行本合同所发生的或与本合同有关的一切争议，双方应通过友好协商解决，如果协商不能解决，应按某某国某某地某某仲裁机构的仲裁程序规则进行仲裁。仲裁裁决是终局的，对双方都具有约束力。

A 概括得很完整，我方没有异议。下面我们具体商量一下仲裁方面的问题吧。

词语表 어휘표

1. 无论如何		wú lùn rú hé	어쨌든(어찌 되었든 관계없이)
2. 俗话说		sú huà shuō	속담에 …, 옛말에 …
3. 既然如此		jì rán rú cǐ	이미 이렇게 된 바에야
4. 程序	（名）	chéngxù	순서, 절차
5. 裁决	（动）	cáijué	결재하다, 판결하다
6. 涉及	（动）	shèjí	(힘, 작용 따위가)관련되다, 미치다
7. 最为	（副）	zuìwéi	가장, 제일
8. 稳妥	（形）	wěntuǒ	타당하다, 안전하고 확실하다
9. 声望	（名）	shēngwàng	성망 명성과 인망
10. 仲裁院	（名）	zhòngcáiyuàn	중재원
11. 商会	（名）	shānghuì	상업 회의소, 상업 연합회, 상인단체
12. 据我所知		jù wǒ suǒ zhī	제가 아는 바로는
13. 常规	（形）	chángguī	관례, 통칙, 관습, 관행
14. 所在地	（名）	suǒzàidì	소재지

15. 规则	（名）	guīzé	규칙
16. 终局性	（名）	zhōngjúxìng	종국적, 마지막, 결말
17. 约束力	（名）	yuēshùlì	구속력
18. 败诉方	（名）	bàisùfāng	패소한 쪽, 패소측
19. 概括	（动）	gàikuò	개괄하다, 총괄하다
20. 完整	（形）	wánzhěng	제대로 갖추어져 있다, 완전하다

专有名词

1. 伦敦仲裁院	Lúndūn Zhòngcáiyuàn	런던 중재원
2. 苏黎士商会仲裁院	Sūlíshì Shānghuì Zhòngcáiyuàn	주리크(Zurich)상업회의소 중재원

重点句 주요구절

1. 如果在合同执行过程中发生争议，贵方是怎么考虑的？

2. 这种情况是我们最不愿意看到的。

3. 我觉得遇到问题还是由双方商量解决为好。

4. 我方认为，为了公平起见，双方还是选第三国仲裁为好。

5. 它直接涉及利益问题，我想还是选第三国来仲裁最公平，也最为稳妥。

6. 概括得很完整。

功能项目
주요기능

1. 不愿意 바라지 아니함

常用的表达方式有“不希望……”“不愿意……”“怎么又让我来做?”“他/她能愿意吗?”等。

주로 쓰이는 표현방식에는 “不希望……(…을 희망하지 않는다)”,“不愿意……(…을 원하지 않는다)”,“怎么又让我来做?(왜 또 나보고 하라는 거지?)”“他/她能愿意吗?(그/그녀가 좋아 할까?)” 등이 있다.

例如：

(1) A：由于货物没有按时运到，整个工程停了下来。
B：这种情况是我们最不愿意看到的。

(2) A：这是一件麻烦的工作，可是只有你做过，你来做吧。
B：怎么又让我来做?

2. 接受 수락 하다, 받아들이다, 알다

常用的表达方式有“行!”“好，我听你的”“没问题……”“你批评得对，我一定注意改正”“这样的条件，我们可以接受”等。

주로 쓰이는 표현방식에는 “行!(좋습니다!)”,“好，我听你的(좋아요, 당신 말을 듣겠어요)”,“没问题……(문제없어요)”,“你批评得对，我一定注意改正(당신이 맞게 지적해주셨어요, 반드시 시정하도록 주의할게요)”,“这样的条件，我们可以接受(이러한 조건이면, 우리는 받아들일 수 있습니다)” 등이 있다.

例如：

(1) A：咱们平均分配利益，贵方有什么考虑?
B：我方接受你方的意见。

(2) A：如果货销得好，我们再给你们一批货，增加你们的佣金。
B：这样的条件，我们可以接受。

语法举要 주요 문법

1. 目的复句(1) 목적 복문(1)

本课目的复句的格式为"……，免得……"。前一分句表示说话者的建议或所采取的某一行动，后一分句用"免得"引出的该建议或行动所要达到的目的。

본 과목의 목적 복문형식은 '……, 免得……' 이다. 앞구절은 화자의 건의나 어떤 행동을 나타내며 뒷구절은 '免得' 로 앞구절의 건의나 행동이 도달하려는 목적을 나타낸다.

例如：

(1) 最好还是选定一家仲裁机构，以便发生争议的时候双方为难。
(2) 把该准备的文件都准备好，免得签合同的时候耽误事儿。
(3) 问题想得周到一些，以免给工作带来不必要的麻烦。

2. 让步复句 양보 복문

偏句承认某种事实，作出让步，正句从相反的方面说出正面的意思。常用的关联词语，偏句用"尽管""哪怕""即使""就是"等，正句用"也""都"等。

종속문은 어떠한 사실을 인정하고 양보하며, 주문은 반대되는 방면으로 정면적인 의미를 표현한다. 주로 종속문의 "尽管"、"哪怕"、"即使"、"就是" 는 주문의 "也"、"都" 와 호응해 쓰여 '비록〔설령〕…라 하더라도', '에도 불구하고' 의 뜻을 나타낸다.

例如：

(1) 就是老关系户，这方面也不应该马虎。
(2) 哪怕它仅仅是一个辅助性的工作，也不应该轻视它呀!
(3) 由于台风的影响，即使有开门营业的，生意也明显比平时差了很多。

词语聚焦

주요 단어

1. 俗话说 속담에 이런 말이 있다

词组，“俗话说”也就是人们去叙述通俗而广泛流传的语句。
절. 통속적이고 널리 전해진 어구를 서술한다.

例如：

(1) 俗话说：君子爱财，取之有道。
(2) 俗话说：人过四十天过午。
(3) 俗话说：一场秋雨一场寒。

2. 既然如此 기왕 그렇게 된 이상

词组，意思是“情况已经是这样了”。后边的句子一般为顺着推出的一个结论或情况。
절. ‘상황이 이미 이렇게 되었으니’ 라는 말이다. 뒷문장에서는, 앞문장의 조건으로 자연스럽게 나타난 결론 혹은 상황을 서술한다.

例如：

(1) A：这个工作加紧干也完不成了。
B：既然如此，你就先按正常速度去干吧，能做多少做多少。
(2) A：货物还没到港，还需要半个月。
B：这样肯定赶不上销售的最好时机了。既然如此，我们只好提出索赔了。
(3) A：你方提出的价格我方很难接受。
B：既然如此，这个买卖我们就不要再谈下去了。

3. 涉及 (힘, 작용 따위가) 미치다, 관련되다

动词，牵涉到；关联到。
동사. 영향을 미치다. 관련되다.

例如：

(1) 合同中对涉及双方利益的内容作了细致的规定。

(2) 这次手机电池的调查涉及几家大企业的几十种产品。

(3) 保护消费者的利益有时候涉及法律问题。

4. 据我所知 제가 아는 바로는

词组，意思是根据我了解的情况。常用在向别人讲述某一情况的句子前，用来强调说话人所谈的内容有根据。

절. '제가 이해한 바에 의하면' 이라는 뜻이다. 주로 다른 사람에게 어떤 상황을 서술하기 전에 사용되는데, 화자가 말하는 내용이 근거가 있음을 강조하는데 사용된다.

例如：

(1) 据我所知，国际仲裁的常规做法是采用仲裁所在地的仲裁规则。

(2) 据我所知，新年前后，由于竞争，各大商场都开始打折了。

(3) 据我所知，这种电池的正常使用周期是200天。

5. 通常 통상, 보통, 일반

形容词，一般；平常

명사. 일반, 보통.

例如：

(1) 这个城市人们下班的时间通常是在下午5点钟。

(2) 大型标志性的建筑物通常位于城市的中心地带。

(3) 按时间段对交通拥挤的路段实行限制通行，这是很多城市通常采用的方法。

배경 지식

经贸知识链接

仲裁
중재

所谓仲裁(arbitration)又称公断，是指争议双方同意的第三方对争议事项所做出的决定，如劳动仲裁、海事仲裁、国际仲裁。当签订合同时，双方应决定有关的仲裁条款或仲裁协议，确定仲裁机构即第三方。仲裁机构一般是民间性的，它审理案件的管辖权限完全取决于当事人的选择和授权。由于仲裁是依照法律所允许的仲裁程序进行裁定的，因而该裁决具有法律约束力，当事人双方必须遵照执行。

중재는 공평한 판결 즉 공단 (公断) 이라고도 하는데, 이는 분쟁이 발생한 매매 쌍방이 동의한 제3자가 분쟁사건에 대해 내린 결정을 말한다. 노동 중재, 해사 중재, 국제중재 등이 이에 속한다. 계약체결시, 쌍방은 관련된 중재조항이나 중재협의를 결정하고, 중재기구를 확정해야 한다. 중재기구는 일반적으로 민간성을 띠기 때문에, 시건 심사의 관할권한은 완전히 당사자의 선택과 위임에 달려있다. 중재는 법률이 정한 절차에 의거한 것이기 때문에 그 판결이 법률적 구속력을 갖고 있으며, 당사자 쌍방은 반드시 집행해야 한다.

练习 연습

一、替换练习 교체 연습을 해보세요

1. 我们的确应该把各种可能发生的情况都估计到。

出现的情况都弄清楚
遇到的问题都考虑好
发生的情况都想到

2. 俗话说：和为贵嘛!

君子爱财，取之有道
公平买卖，顾客第一
满招损，谦受益

3. 既然如此，我方接受你方的意见。

我们同意你们的要求
公司拒绝对方的邀请
我批准你的辞职

4. 您说得有一定道理。不过选双方国家内的仲裁机构进行仲裁更方便些。

我还是坚持我的观点
要经过实践检验才能知道结果
把问题考虑得充分一些更好

5. 仲裁的费用通常是由败诉方承担。

广告	申请公司支付
产品研究	开发专项款支出
招待	公司财务部门报销

二、词语搭配(不是唯一搭配) 어울리는 단어를 연결하세요. (여러 개의 답이 가능합니다)

讨论	条款
按照	合同
写明	问题
解决	机构
签订	规则
执行	意见

涉及　　矛盾
选择　　惯例
采用　　内容

三、将下面的词语组成句子 아래 주어진 단어로 문장을 만드세요.

1. 许多　机构　有　国际上　仲裁　的　常设

2. 的　仲裁　规则　在　要　合同　注明　采用　中

3. 条款　明确　写　要　合同　中　这　在　条

4. 解决　协商　都　一切　通过　争议　应该

5. 具有　仲裁　的　对　都　约束力　结果　双方

四、用指定词语完成句子 주어진 단어로 문장을 완성하세요.

1. A：每下一场秋雨天气就变冷一些，这种情况俗话说是什么？
   B：______________________________。(俗话说)
2. A：我们还是希望再给我们优惠一点儿，今后我们会有长期的合作。
   B：______________________________。(既然如此)
3. A：哪有那么复杂，你们业务部门决定就可以了。
   B：这怎么行，这个问题____________________，我们一个部门是不能决定的。(涉及)
4. A：你把货先发给我，合同以后再补签，怎么样？
   B：______________________________，哪有先发货后签合同的道理？(通常)
5. A：这里是南方，水稻一年生长几季？
   B：______________________________。(据我所知)

五、完成复句 복문을 완성하세요.

1. 去机场最好提前两个小时出发，______________________________。(免得)
2. 公司应该多派市场调查员，______________________________。(免得)

3. ____________________________，买的人还是不太多。(尽管……，还是……)
4. ______________________，那样的产品由于生产数量少，在市场上也不容易买到。(即使……，也……)
5. 已经签了合同，就是遇到再大的困难，____________________。(就是……，也……)
6. 我们非常需要合作伙伴，哪怕它是个比较小的公司，____________________。(哪怕……，也……)
7. ____________________________，也没关系，不会可以学呀。(即使……，也……)

六、用本课的功能项目完成对话 본문의 기능(공능) 사항을 사용해서 대화를 완성하세요.

1. A：由于生产厂家遇到了意外灾害，不能按时交货，所以我们希望把合同的交货时间作一下改动。
   B：您知道按时交货对我们是多么重要，______________________。(不愿意)

2. A：这件工作还是让有经验的人来做更好，小李就先不要做了。
   B：小李是个要强的人，你作这样的改变，______________________?(不愿意)

3. A：你这样粗心，跟客户约好见面时间却没去，不论什么原因都是说不过去的。
   B：____。(接受)

4. A：你们接到的货虽然不是合同中写的那种，但是它质量更好。你们还打算换回来吗?
   B：____。(接受)

七、听录音 녹음을 들어보세요.

1. 根据提问从A、B、C、D中选出最恰当的答案
   질문에 근거해 A,B,C,D 중 알맞은 답을 고르세요.

(1) (　　)
A. 运货时没关上舱盖，货物被海水打湿了
B. 运货时没有盖上舱盖，造成货物丢失了
C. 租船人不付给船舶公司运费
D. 租船人少付给船舶公司运费

(2) (　　)

A. 租船人补交船舶公司的船费　　　B. 船舶公司赔偿租船人的损失
C. 租船人赔偿收货人的运费　　　　D. 船舶公司赔偿收货人的货物

(3) (　　)
A. 租船人和船舶公司职员　　　B. 收货人和仲裁机构人员
C. 都是船舶公司职员　　　　　D. 都是仲裁机构人员

(4) (　　)
A. 租船人　　B. 船舶公司　　C. 收货人　　D. 没有人

2. 复述所听到的录音内容 녹음내용을 복술해보세요.

八、阅读 독해

仲裁争议

A公司与B公司签订了买卖合同。在执行这个合同时产生争议，A公司遭受了损失，A公司要求B公司赔偿损失。B公司拒绝赔偿，A公司把这个争议提交仲裁机构请求作出裁决。

双方公司签订的合同规定：由A公司向B公司提供花生仁400吨，价格为每吨2 000美元，FOB青岛，总金额800 000美元；支付方式为买方在装船期前15日内开出不可撤销的、可转让的信用证；装运期为2005年6月至7月。合同签订后，A公司按规定积极备货，于2005年4月与B公司共同看货，以便B公司及早开出信用证。但B公司没有开证。2005年5月31日，B公司以所剩时间来不及安排装船为由宣布解除其合同项下的义务。A公司仍希望继续履行合同，直到2005年6月31日双方谈判破裂。A公司提出索赔，并宣告合同解除。A公司认为，在FOB合同项下，A公司只有义务在货物上船时保证所交货物的质量、规格符合合同的规定，没有义务在卖方未开证、未派船的情况下履行上述义务。B公司不履行其开证、派船的义务是违约行为。A公司因B公司没有开立信用证，被迫将花生仁榨成油后变卖，造成巨大损失，因此B公司应赔偿申请人全部400吨花生仁的利润损失和其他损失。

B公司说，合同签订后，B公司一再催促A公司应在合同规定的装船期之前备妥货物以便检验，并由B公司开证。A公司于2005年4月与B公司共同验货。但检验结果不符合合同标准。直至5月31日A公司曾再次请求B公司验货这一事实证明，B公司在与A公司长期贸易关系中已确立B公司开证时间应为双方共同验货合格后的合理时间的惯例。双方在订立合同时对此均有明确表示，并作为双方长期合作的惯例一直被双方作为默认条件而遵照执行。因此，B公司没有开证完全是A公司没有备妥合同所规定的货物所致。B公司没有违约。

仲裁机构经过调查审理，裁决B公司赔偿因其根本违约而给A公司造成的合理损失84 000美元；驳回A公司的其他请求。

1. 根据短文内容选出最恰当的答案
本문의 내용에 근거해 가장 알맞은 답을 고르세요.

(1) 短文中A公司和B公司的争议起因是（ ）
A. B公司没有看到A公司的货
B. B公司没有准备好信用证
C. 货物价格没有谈好
D. A公司没有及时派船接货

(2) B公司要求与A公司解除合同的理由是（ ）
A. B公司15天内开不出信用证
B. A公司不让B公司看货
C. 时间短，来不及安排接货的船舶
D. A公司没有备妥合同所规定的货物

(3) 短文没有提到的内容是（ ）
A. 开出信用证的条件
B. 双方公司早有合作的历史
C. A公司赔偿了B公司的损失
D. 双方谈判破裂的具体时间

(4) 仲裁机构最后的裁决是（ ）
A. A公司赔偿B公司的合理损失
B. B公司赔偿A公司的合理损失
C. 驳回A公司的赔偿请求
D. 驳回B公司的赔偿请求

2. 请用自己的话复述短文内容(要求：发音正确，条理清楚，语句通顺，突出主要内容)
자신의 말로 본문내용을 바꾸어 진술해보세요. (요구사항: 발음이 정확하고 조리 있어야 하며, 어순이 매끄럽고, 주요내용을 두드러지게 해야 합니다)

3. 讨论 토론해보세요.

(1) 双方公司签订的合同内容是什么？
(2) 发生争议的原因是什么？
(3) 仲裁机构的裁决是什么？
(4) 你认为怎样才可以避免发生这样的争议？

九、写作 작문

1. 阅读《仲裁争议》短文后，谈谈你的感想。(200字以上)

要求：语句通顺，条理清楚，标点符号使用正确。

‘仲裁争议(분쟁중재)’를 읽고, 감상을 얘기해보세요. (200자 이상)

요구사항: 어순이 매끄러워야 하고, 조리가 있어야 하며, 문장 부호의 사용도 정확해야 합니다.

副课文

부본문

仲裁与仲裁机构

国际商事交往中，主观争议或纠纷是难免的。国际商法的一项重要内容和任务是如何采取适当方式，公平合理地解决国际商事争议，确保国际商事交易的顺利进行。解决国际商事关系中的各种争议，一般有三种方式：和解调解、仲裁、司法诉讼，其中仲裁应用得比较普遍。

国际商事仲裁就是指国际商事关系的双方当事人在争议发生后，依据仲裁条款或仲裁协议，自愿将争议提交某一临时仲裁机构或某一国际常设仲裁机构审理，由其根据有关法律或公平合理原则作出裁决，从而解决争议。仲裁是解决国际商事争议使用较普遍的方式，与和解调解、司法诉讼相比，它具有如下特点：1. 当事人自主性较大，对仲裁方式、仲裁地点、仲裁机构、仲裁员、仲裁程序、仲裁所适用的法律等，当事人都可以自由作出决定；2. 程序灵活、迅速及时，收费较低；3. 具有必要的强制性，这体现在仲裁协议的强制性、仲裁裁决的强制性；4. 有利于保持当事人间的关系，并可协调不同法律之间的冲突。

仲裁机构是国际商事关系中的双方当事人自主选择出来用以解决其争议的机构，它一般是民间性的。其审理案件的管辖权限完全取决于当事人的选择和授权。国际商事仲裁机构可分为临时仲裁机构和常设仲裁机构。临时仲裁机构是指根据当事人的仲裁条款或仲裁协议，在争议发生后由双方当事人推荐的仲裁员临时组成的，负责裁断当事人的争议，并在裁决后就解散的临时性仲裁机构。常设仲裁机构是指依据国际条约或国内法成立的具有固定组织和地点、固定的仲裁程序规则的永久性仲裁机构。

词语表 단어

1. 商事	（名）	shāngshì	비즈니스
2. 纠纷	（名）	jiūfēn	분쟁, 분규
3. 和解	（动）	héjiě	화해하다
4. 司法	（动）	sīfǎ	사법
5. 依据	（介）	yījù	근거하다, 의거하다
6. 自愿	（动）	zìyuàn	자원하다
7. 审理	（动）	shěnlǐ	심사 처리하다
8. 自主性	（名）	zìzhǔxìng	자주성
9. 强制性	（名）	qiángzhìxìng	강제적, 강제성
10. 案件	（名）	ànjiàn	안건, 사건
11. 管辖	（动）	guǎnxiá	관할하다
12. 取决于		qǔjué yú	… 에 달려 있다
13. 授权	（名）	shòuquán	권한을 부여하다
14. 组成	（动）	zǔchéng	결성하다, 구성하다, 조직하다
15. 裁断	（动）	cáiduàn	판정하다
16. 解散	（动）	jiěsàn	(단체를) 해체하다, 해산하다
17. 临时性	（名）	línshíxìng	임시, 비정식
18. 国内法		guónèi fǎ	국내법
19. 固定	（形）	gùdìng	불변하다, 고정되다
20. 永久性	（名）	yǒngjiǔxìng	영구적이다

问题与讨论 질문과 토론

1. 解决国际商事关系中的各种争议一般有哪几种方式？
2. 什么是国际商事仲裁？
3. 仲裁与和解调解、司法诉讼相比，有哪些特点？
4. 临时仲裁机构和常设仲裁机构有什么区别？
5. 为什么说仲裁是解决国际商事争议使用较普遍的方式？

第 5 课 和解

제 5 과 화해

主课文 본문

A 贵公司注册了金竹牌商标,这是一种侵权行为。金竹牌是我公司的品牌商标,我方希望贵公司撤销这个抢注的商标。

B 你方的要求我们已经注意到了。这个问题对我公司的形象已经产生了消极影响。不过,这是个误会。金竹商标是我们按国际通行的方法合法注册的,不存在您所说的侵权的问题。

A 您说得不对。贵公司使用的商标中只有竹子的叶片数与我公司的不同,名称完全一样。这个商标,我公司创立使用已经有 20 多年了。

B 可您说的金竹商标是我总公司下属的一个分公司独立注册的,总公司对此并不知情!

A 不管怎样,它已经给我公司造成了严重的经济损失,我公司的产品不能用自己的商标在国际市场上进行销售。我们已经请求有关部门受理这个案件了。

B 您看这样好不好?对这个问题,贵公司和我公司坐下来商量一个解决的办法。不要因为这件事影响双方的友好合作关系。

A 我方原本也是这么考虑的，曾多次向贵公司提出建议，希望能理性地商讨这个问题，可是都没有得到积极响应。不得已才用法律来解决。

B 您大概是知道的，世界各国对商标专用权是有不同规定的，一般通行"注册原则""使用原则"和"混合原则"三种方式。我们采用的是"注册原则"。它规定谁先申请，商标专用权就授予谁，不管这个商标是否已经被使用。

A 我们采用的是使用原则。它是按使用商标的先后来确定商标的归属，谁最先使用这个商标，谁就享有商标专用权。

B 我方注册商标是有法律依据的，它是合法的。

A 但是这种注册方式产生的消极后果，你方大概已经意识到了吧？

B 的确如此。从长远看，还是避免产生争议的好。不过，商标代表着一种无形资产，它是有价值的，撤销它无疑会给我们带来经济损失，何况申请的时候也是要付申请费的。

A 您说的也是一个实际问题。如果贵公司将金竹商标归还我方，我方可以考虑支付一定的费用作为补偿。

B 我方乐于考虑这个非常有建设性的建议。

词语表 어휘표

1. 和解	（动）	héjiě	화해하다(재판에 의하지 않고 쌍방이 합의하여 쟁의를 그만두는 것)
2. 商标	（名）	shāngbiāo	브랜드
3. 侵权	（动）	qīnquán	월권
4. 撤销	（动）	chèxiāo	철회하다, 폐기하다, 파기하다
5. 抢注	（动）	qiǎngzhù	강탈 등록하다
6. 消极	（形）	xiāojí	부정적이다 소극적이다
7. 叶片	（名）	yèpiàn	엽편, 잎의 편평한 곳
8. 名称	（名）	míngchēng	명칭
9. 创立	（动）	chuànglì	창립하다, 창조하다, 설립하다
10. 下属	（名）	xiàshǔ	하급, 하부
11. 知情	（动）	zhīqíng	사정을 알다, 사건의 (내막)을 알다
12. 受理	（动）	shòulǐ	수리하다, 접수하다
13. 案件	（名）	ànjiàn	인사, 형사상의 사건, 소송안
14. 理性	（形）	lǐxìng	이성적이다, 지적이다
15. 商讨	（动）	shāngtǎo	협의하다
16. 混合	（动）	hùnhé	혼합하다
17. 申请	（动）	shēnqǐng	신청하다
18. 授予	（动）	shòuyǔ	수여하다
19. 归属	（名）	guīshǔ	…에 귀속하다, …의 관할이 되다
20. 享有	（动）	xiǎngyǒu	(권리 등을) 향유하다
21. 依据	（名）	yījù	의거, 근거
22. 后果	（名）	hòuguǒ	나쁜 결과, 후과

23. 意识	（动）	yìshi	의식하다, 깨닫다
24. 长远	（形）	chángyuǎn	영구적이다, 길다, 오래다
25. 无形	（形）	wúxíng	무형
26. 资产	（名）	zīchǎn	자산
27. 无疑	（动）	wúyí	의심할 바 없다, 틀림없다
28. 归还	（动）	guīhuán	반환하다
29. 补偿	（名）	bǔcháng	보상
30. 建设性	（名）	jiànshèxìng	건설적이다

专有名词

1. 金竹牌	（商标名）	Jīnzhú Pái	금죽패 (브랜드 이름)

重点句 주요구절

1. 你方的要求我们已经注意到了。

2. 这个商标，我公司创立使用已经有 20 多年了。

3. 它已经给我公司造成了严重的经济损失。

4. 世界各国对商标专用权是有不同规定的。

5. 您说的也是一个实际问题。

6. 我方乐于考虑这个非常有建设性的建议。

功能项目
주요기능

1. 否定 부정

常用的表达方式有“不＋动词”“不＋形容词”“哪儿啊!”

주로 쓰이는 표현방식에는 “不＋动(‘동사’ ＋ 지 않다)”, “不＋形(‘형용사’ ＋ 지 않다)”, “哪儿啊!(천만에요!)” 등이 있다.

例如：

(1) A：你们的产品有质量问题。
B：您说得不对。我们的产品是有合格证的。

(2) A：听说你们的销售量是全公司第一。
B：哪儿啊!我们的销售量比你们低不少呢。

2. 商量 상의

常用的表达方式有“……行不行?”“……好不好?”“你看……”等。

자주 쓰이는 표현방식에는 “……，行不行?(…해도 돼요?)”, “……，好不好?(… 하는 게 어때요?)”, “你看……(그쪽에서 보기에는 …)” 등이 있다.

例如：

(1) A：我们先讨论那些分歧不大的问题，然后再讨论分歧大的问题，好不好?
B：这些问题都得讨论，先讨论哪个都行。

(2) A：我们的营业额完成得非常好，我们希望把佣金提高到5%。
B：以前从来没有这种惯例。您看这样好不好?我请示一下总公司再说。

语法举要 주요문법

1. 主谓短语做宾语 ‘주어 + 술어’의 결합이 목적어가 될 때

主谓短语跟在表示感知性或表示心理活动的动词后边，充当宾语。主谓短语本身表示的是一件事，放在“想”“觉得”“认为”“希望”等动词后边。

‘주어 + 술어’의 결합이 인식 혹은 심리할동을 나타내는 동사뒤에서는 목적어가 된다. ‘주어 + 술어’의 결합은 사실을 나라낼 수 있고, 또 “想”, “觉得”, “认为”, “希望” 등 동사 뒤에서 목적어가 된다.

例如：

(1) 我方希望贵公司撤销这个抢注的商标。
(2) 我觉得他今年已经30岁了。
(3) 大家认为他的意见很好。

2. 疑问代词表示任指(2) 임의의 것을 나타내는 의문대명사(2)

任指还有一种表达方式，即用两个同样的疑问代词前后呼应，指相同的时间、地点、人、事件、方式等。前一分句一般表示后一分句的条件或范围。句中的“谁”表示任何人；“什么”表示任何东西；“怎么”表示任何方式或方法；“哪儿”表示任何地方等。疑问代词前不用“无论”“不管”等词语。句中常用副词“就”关联。

임의의 것을 나타내는 데에는 또 한가지 방법이 있다. 즉 두개 동일한 의문대명사가 앞, 뒤구절에서 서로 호응해 쓰이면서 동일한 시간, 지점, 사람, 사건, 방식 등을 가리킨다. 앞구절내용은 일반적으로 뒷구절의 조건 혹은 범위를 나타낸다. 문장중 “谁”는 화자가 정확하게 알지 못하는 ‘어떤 사람’을, “什么”는 정확하게 꼽을 수 없는 ‘어떤 것’을, “怎么”는 ‘어떤 방식이나 방법’을, “哪儿”은 ‘어떤 장소’를 나타낸다. 의문대명사 앞에는 “无论”, “不管” 등이 따르지 않으며 문장중에서 “就”가 자주 쓰인다.

例如：

(1) 谁最先使用这个商标，谁就享有商标专用权。
(2) 哪儿有困难，他就出现在哪儿。
(3) 什么产品受欢迎，什么产品就卖得好。

词语聚焦

주요 단어

1. 商讨　협의하다.

动词，为了解决较大的、较复杂的问题而交换意见；商量讨论。
동사. 비교적 크고, 복잡한 문제를 해결하기 위해 의견을 교환하다. 상의하고 토론하다.

例如：

(1) 两大公司商讨了合作的问题。
(2) 双方正在商讨何时何地举行贸易会谈。
(3) 买卖双方商讨货物由谁来投保的问题。

2. 申请　신청하다.

动词，向上级或有关部门说明理由，提出请求。
동사. 상사나 관련부서에 이유를 설명하고, 요구를 제기하다.

例如：

(1) 今年已有多家公司申请上市。
(2) 学习优秀的人可以申请到出国留学的奖学金。
(3) 一些成果显著的教师开始正式申请教授职称。

3. 享有　향유하다

动词，在社会上取得(权利、声誉、威望等)。
동사. 사회에서 (권리, 명예, 위엄과 명망 등을) 얻다.

例如：

(1) 买方享有对所购货物的复验权。
(2) 消费者享有公平交易的权利。
(3) 每一名在职职工都享有接受教育培训的机会。

4. 意识 의식하다.

动词，觉察(常与“到”连用)
동사. 깨닫다. (주로 ‘到’와 함께 사용된다)

例如：

(1) 看见树枝发绿才意识到已经是春天了。
(2) 看了来货，我们意识到里面存在一些问题。
(3) 越来越多的人意识到应该给自己的未来上一份保险。

5. 无疑 틀림없다.

动词，没有疑问。
동사. 의문이 없다.

例如：

(1) 市场竞争，对所有相关公司无疑会产生很大压力。
(2) 招商无疑会刺激一个地区的经济增长。
(3) 灵活的价格无疑是吸引用户网上购物的主要原因。

배경 지식

经贸知识链接

商标的作用
상표의 역할

商标是区别商品或服务来源的一种标志，在中国俗称“牌子”。比如饮料商标“健力宝”，电器商标“美的”，都是区别商品来源的标志，而“麦当劳”则是区别服务提供者的标志。也就是说，商品商标将不同企业生产的相同或类似商品区别开来，服务商标使服务的提供者把自己的服务与他人的服务区别开来。这里说的服务，指的是无形的服务，如广告业、保险业、银行业、运输业等行业提供的服务。服务并非仅限于赢利性的服务，也包括非赢利性的服务，例如，医院和学校等非赢利性事业单位所提供的服务。

经商标局核准注册的商标为注册商标，注册商标有特定的标记，受法律保护。没有注册的商标为未注册商标，一般不受法律保护。

상표는 상품 혹은 서비스의 내원을 식별하는 일종의 표지로서 중국에서는 보통 '牌子(파이즈)' 라고도 한다. 음료 상표인 '健力宝(지앤리빠오)', 전자 제품 상표인 '美的(메이띠)' 는 상품의 내원을 식별하는 표지이고 '맥도널드' 는 서비스 제공자를 구별하는 표지이다. 다시 말하면 상품의 상표는 부동한 기업에서 생산한 같거나 유사한 상품을 구별해 내며, 서비스 상표는 자신의 서비스와 다른 기업의 서비스를 구별해 내는 것이다. 여기에서 말하는 서비스는 무형 서비스를 가리키는데, 예를 들어 광고업, 보험업, 은행업, 운수업 등 업종에서 제공하는 서비스 같은 것들이다. 서비스는 단지 영리적인 서비스에 국한하는 것이 아니고 비영리적 성격의 서비스도 포함하는데 예를 들면 병원과 학교 등 비영리적인 사업단위에서 제공하는 서비스도 포함된다.

상표국의 심사 비준을 거쳐 등록한 상표를 등록상표이라 하는데, 등록된 상표는 특정한 표기가 있어 법률의 보호를 받는다. 등록되지 않은 상표는 미등록 상표로서, 일반적으로 법률의 보호를 받지 못한다.

练习 연습

一、替换练习 교체 연습을 해보세요.

1. 贵公司注册了金竹牌商标，这是一种侵权行为。

   你们使用了我们的牌子
   用我们的名义去做广告
   没有得到同意就公开协议

2. 总公司对此并不知情！

   我们　很不满意
   客户　意见很大
   商家　提出批评

3. 不要因为这件事影响双方的友好合作关系。

   破坏已经建立的友好关系
   推迟双方签订合同的时间
   影响今后继续发展的可能

4. 希望能理性地商讨这个问题。

   和平地解决眼前的争议
   平等地处理双方的关系
   迅速地开展贸易交流

5. 我方注册商标是有法律依据的，它是合法的。

   我们的合同是受法律保护的
   双方的关系是有合同规定的
   产品的经营是经过批准的

二、词语搭配(不是唯一搭配) 어울리는 단어를 연결하세요. (여러 개의 답이 가능합니다)

注册	销售
产生	案件
造成	争议
进行	建议
受理	商标
发生	影响
考虑	损失

三、将下面的词语组成句子 아래 주어진 단어로 문장을 만드세요.

1. 件 的 公司 这 对 已经 了 不利 影响 事 产生

2. 方法 是 商标 按 通行 的 注册 这个 国际 的

3. 市场 进行 商标 没有 的 产品 在 上 销售 不 能

4. 合作 不 双方 要 它 的 友好 关系 为了 影响

5. 大概 他 意识 那个 到 问题 了 已经

四、用指定词语完成句子 주어진 단어로 문장을 완성하세요.

1. 这个问题跟双方都有关系，____________________。(商讨)
2. 虽然你是老板，我是普通员工，可是在社会上____________________。(享有)
3. 这是我们的错，____________________。(意识)
4. 我在这个银行第一次存钱，我要先____________________。(申请)
5. 每天坚持锻炼1个小时，____________________。(无疑)

五、完成句子 문장을 완성하세요.

(句中要两次出现同一个表示任指的疑问代词)
例如：什么时候有时间什么时候去公园。
1. 谁有经验____________________。

2. 哪个市场服务搞得好＿＿＿＿＿＿＿＿＿＿＿＿＿＿＿＿＿＿＿＿＿＿＿＿。
3. 晚上我们等你，你什么时候来，＿＿＿＿＿＿＿＿＿＿＿＿＿＿＿＿＿＿＿＿。
4. 你愿意怎么去就＿＿＿＿＿＿＿＿＿＿＿＿＿＿＿＿＿＿＿＿＿＿＿＿＿＿。

六、完成对话 회화를 완성하세요.

(注意答句的谓语用“想”“觉得”“认为”“希望”等动词，宾语用主谓短语)

1. A：你想谁最适合做这个工作?
   B:＿＿＿＿＿＿＿＿＿＿＿＿＿＿＿＿＿＿＿＿＿＿＿＿。

2. A：我什么时候去你那里好?
   B:＿＿＿＿＿＿＿＿＿＿＿＿＿＿＿＿＿＿＿＿＿＿＿＿。

3. A：最近市场情况怎么样?
   B:＿＿＿＿＿＿＿＿＿＿＿＿＿＿＿＿＿＿＿＿＿＿＿＿。

4. A：我给你带点什么好呢?
   B:＿＿＿＿＿＿＿＿＿＿＿＿＿＿＿＿＿＿＿＿＿＿＿＿。

七、用本课的功能项目完成对话 본문의 기능(공능) 사항을 사용해서 대화를 완성하세요.

1. A：最近一直没看见他，他忙什么呢?
   B：＿＿＿＿＿＿＿＿＿＿＿＿? 整天在家不是睡觉，就是看电视。(否定)

2. A：你会搞推销吗?
   B:＿＿＿＿＿＿＿＿＿?从来没干过。(否定)

3. A:＿＿＿＿＿＿＿＿＿＿＿＿＿＿＿＿＿?(商量)
   B：下一步的工作还是从调查市场展开吧。

4. A:对于不可抗力的条款，＿＿＿＿＿＿＿＿＿?(商量)
   B：当然可以，不可抗力的条款是应该再讨论一下。

八、听录音 녹음을 들어보세요.

听下面三段对话，请你一边听一边在横线上填写数字或汉字
세 토막의 대화을 들으면서 가로 줄 위에 숫자와 한자를 채워 넣으세요.

1. 申请人放弃货款__________，被申请人在__________个工作日内向申请人支付货款__________美元。

2. 申请人承担了应由________分别承担的调解费用。本案到被申请人履行________协议仅用了__________工作日。

3. 在__________主持下经双方协商达成如下和解协议：
   (1) 在协议签署后________工作日，申请人要支付________美元。
   (2) 剩余________货物退货或由申请人指定的第______方提货，运费由________人支付。
   (3) 在协议签署后________内的冷藏费由________承担。

九、阅读 독해

A公司与B公司之间历时两年多的专利诉讼，终于以和解宣告结束。

2005年2月16日，A公司在香港联交所发布公告，宣布A公司与B公司达成和解，B公司同意撤销于2002年9月对A公司及A公司美国公司专利侵权提起的诉讼；A公司亦同意撤销向B公司提出的反索赔，双方并于2005年3月底之前签署正式和解协议。专利纠纷是商业贸易中一个值得讨论的问题，专利诉讼也比较复杂，需要花费大量时间、成本，和解是比较常见的一种选择。

两年前，B公司就电机产品向美国某区联邦地方法院起诉了A公司股份公司以及该公司的美国法人——A公司美国公司，指控其侵害了该公司的专利。诉讼的主要对象是用于手机和笔记本电脑的锂离子充电电池，B公司要求A公司赔偿损失。

A公司应诉，提出未侵犯专利的抗辩。诉讼持续了两年多最终以和解收场。由于电池生产方面的技术环节非常多，相互借鉴、利用是常见的事情，所以这类官司很难打，一般都不了了之。而这场专利纠纷的和解，主要原因在于专利官司涉及专利有效性、有效期、有效范围等方方面面，一般专利差异在30%以上就无效。A公司对B公司所谓的专利产品也没有明显的抄袭痕迹，B公司在取证方面会遇到空前的难度。另外，A公司近几年在锂离子电池技术方面也拥有了多项专利和自有技术，因此当A公司提出反索赔时也表现得理直气壮。

和解协议不会对A公司造成任何重大不利影响，A公司认为和解是基于双方的利益，在双方都可以接受的范围内达成的，无论具体和解内容如何，对双方都是有利的。

1. 根据短文内容选出最恰当的答案 본문의 내용에 근거해 가장 알맞은 답을 고르세요.

(1) 短文主要告诉我们（ ）
A. A公司首先提出诉讼
B. 诉讼的是笔记本专利问题
C. 诉讼双方最终实现了和解
D. 诉讼过程需要两年的时间

(2) 最后双方接受的结果（ ）
A. 对A公司有好处
B. 对B公司有好处
C. 对双方都有好处
D. 对双方都没好处

(3) 这场官司难打是因为（ ）
A. 双方的经济实力相当
B. 涉及的因素太复杂
C. 一方拥有的技术多
D. 双方都抄袭了对方

(4) “这类官司难打，一般都不了了之。”“不了了之”的意思是（ ）
A. 太多不能做完
B. 没结果就算了
C. 没完没了地做
D. 不能明白原因

2. 用自己的话复述短文内容(要求：发音正确，条理清楚，语句通顺，突出主要内容)
자신의 말로 본문 내용을 바꾸어 진술해보세요.(요구사항: 발음이 정확하고, 조리가 있어야 하며, 어순이 매끄럽고, 주요내용을 두드러지게 해야 합니다)

3. 讨论 토론해보세요.
(1) 简述A公司与B公司之间发生的专利诉讼。

(2) 为什么双方之间的争议最后以和解的方式结束？
(3) 专利权的重要意义有哪些？

十、写作 작문

谈谈你对专利权的认识。
특허권에 대한 인식을 얘기해보세요.

副课文 부본문

两大品牌之争与和解

在北京市高级人民法院的裁决下，某国著名的“鳄鱼”(Lacoste)商标拥有者与中国一家有名的“鳄鱼”恤有限公司握手言和，结束了持续12年之久的“马拉松式”的品牌诉讼案。

根据和解协议，中国的这家“鳄鱼”恤有限公司承认外国的那家衬衫股份有限公司1980年在中国注册的鳄鱼(Lacoste)商标专用权，并承诺2006年3月31日之后不再使用本公司的“鳄鱼”图形，改用新的商标图案。同时，外国的那家衬衫股份有限公司也认可中国的这家“鳄鱼”即将起用的新商标。那家外国衬衫股份有限公司总裁先生认为这个结局还算不错，和善的脸上露出了微笑。中国的这家“鳄鱼”恤有限公司也显得十分满意，他们认为这是一场艰难的品牌维护战，如果失去了这块“鳄鱼”品牌，意味着他们已经投入的近20亿港币将全部付诸东流。

词语表단어

1. 人民法院		rénmín fǎyuàn	인민법원
2. 拥有者	(名)	yōngyǒuzhě	보유(소유)자
3. 握手言和	(成语)	wò shǒu yán hé	화해하고 사이 좋게 지내다
4. 持续	(动)	chíxù	지속하다, 계속 유지하다
5. 马拉松式	(名)	mǎlāsōngshì	마라톤식
6. 案	(名)	àn	사건
7. 专用权	(名)	zhuānyòngquán	전용권
8. 图形	(名)	túxíng	도형
9. 改用		gǎi yòng	바꿔서 사용하다, 고쳐 쓰다
10. 图案	(名)	tú'àn	도안
11. 起用	(动)	qǐyòng	(면직된 또는 퇴직한 사람) 을 기용하다, 재등용하다
12. 结局	(名)	jiéjú	결말, 결국
13. 和善	(形)	héshàn	온화하고 선량하다
14. 艰难	(形)	jiānnán	곤란하다, 어렵다
15. 战	(名)	zhàn	전쟁, 전(쟁)
16. 意味着	(动)	yìwèizhe	의미하다, 뜻하다
17. 港币	(名)	gǎngbì	홍콩 달러
18. 付诸东流	(成语)	fù zhū dōng liú	수포로 돌아가다

专有名词

"鳄鱼"恤	"Èyú" Xù	라코스테 셔츠

问题与讨论 질문과 토론

1. 从课文看，两个公司是通过谁实现和解的？
2. 两个公司和解协议的主要内容是什么？
3. 对于这个和解，双方有什么样的认识？
4. 请谈一下商标的作用。
5. 根据这场争议，谈谈你的体会。

第6课 协商代理

제 6 과 대리 협상

主课文 본문

A 我公司是生产数码照相机的专业公司，为了扩大我公司的业务，想请贵公司做我们的代理，不知你们能否同意？

B 谢谢贵公司对我公司的信任。我们很乐意做贵公司的代理。贵公司准备让我们做总代理、独家代理还是一般代理？

A 贵公司在世界各地有很多客户，而且有很好的声誉，我们想请贵公司做独家代理，您看如何？

B 好啊！那就是说，我们有代销贵公司数码照相机的专营权了。

A 是这样的。

B 我们还想知道在专营条款中我公司具有绝对代理权还是有限绝对代理权？

A 这方面要跟你们商量。不过即便给你们的是有限绝对代理权，我们保留对一定买主直接供货的权利，也会向你们支付佣金的。

B 贵公司考虑得真周到。我们的协议有效期是多长时间呢？

A 这个双方可以商量决定。我公司是新发展起来的公司，对市场的需求量要进行预测。我们先规定1年，怎么样？

B 现在市场竞争这么激烈，大胆决策和稳步推进都是必要的。

A 关于代理人的佣金，目前世界上通行的佣金率为1%至5%。我们给5%，以实际收到的货款为准，您看怎么样？

B 这个我们可以接受。有最低成交额的限制吗？贵公司的产品是新产品，销售量完全是个未知数呀。

A 我们应该商定个最低成交额，未能达到或超过最低成交额，佣金率要作相应的调整。我们对贵公司是完全有信心的。

B 佣金的支付方式怎么规定呢？

A 根据累计的销售数量按累进佣金率加在一起支付。这是一般通行的做法。

B 这些代理协议中的具体问题应该再仔细商量商量，你们看行吗？

A 行。正式签订代理协议前，要把协议双方、代理商品、代理地区、代理权利、协议有效期和佣金条款等各项内容仔细商讨一下。相信借贵公司的“船”，我公司的产品会销得更远，销得更好。

词语表 어휘표

1. 数码	（名）	shùmǎ	디지털
2. 知	（动）	zhī	알다
3. 信任	（名）	xìnrèn	신임
4. 乐意	（动）	lèyì	…하기를 원하다, 기꺼이 …하려고

			하다 , … 하고 싶다
5. 总	（形）	zǒng	총괄의, 전체의
6. 独家	（名）	dújiā	독점
7. 各地	（名）	gèdì	각지
8. 声誉	（名）	shēngyù	명성과 명예
9. 就是说		jiù shì shuō	다시 말하면
10. 代销	（动）	dàixiāo	대리 판매하다, 위탁판매하다
11. 专营权	（名）	zhuānyíngquán	독점권
12. 有限	（形）	yǒuxiàn	유한하다, 한계가 있다
13. 即便	（连）	jíbiàn	설사 …할지라도, 설령 …하더라도
14. 供货		gōng huò	물품을 공급하다
15. 权利	（名）	quánlì	권리
16. 有效期	（名）	yǒuxiàoqī	유효 기간
17. 需求量	（名）	xūqiúliàng	수요량
18. 决策	（动）	juécè	방법이나 정책을 결정하다
19. 稳步	（副）	wěnbù	점진적으로, 점차
20. 推进	（动）	tuījìn	추진하다
21. 代理人	（名）	dàilǐrén	대리인, 에이전트
22. 通行	（动）	tōngxíng	통용되다 , 유통하다
23. 佣金率	（名）	yōngjīnlǜ	수수료 비율(수수료가 전체 금액에서 차지하는 비율)
24. 为准		wéi zhǔn	기준으로 삼다
25. 未知数	（名）	wèizhīshù	미지수
26. 未	（副）	wèi	아직 … 지 않다
27. 相应	（形）	xiāngyìng	상응하다
28. 累计	（动）	lěijì	누계하다
29. 累进	（动）	lěijìn	누진하다

重点句 주요구절

1. 我公司是生产数码照相机的专业公司。

2. 谢谢你们对我公司的信任。

3. 我们很乐意作贵公司的代理。

4. 贵公司考虑得真周到。

5. 我们保留对一定买主直接供货的权利。

6. 对市场的需求量要进行预测。

7. 我们应该商定个最低成交额。

功能项目 주요기능

1. 愿意 희망

常用的表达方式有“愿意”“当然可以”“很乐意”“我早有这个愿望”等。

주로 쓰이는 표현방식에는 “愿意(원한다)”，“当然可以(당연히 된다)”，“很乐意(... 하는 것을 아주 즐겁게 여긴다)”，“我早有这个愿望(전 벌써부터 이런 소망을 가지고 있었다)” 등이 있다.

例如：

(1) A：我们有长期合作的历史，这次还请你们做我们公司的代理，怎么样？
B：我们很乐意做贵公司的代理。

(2) A：这是一个难得的机会，咱们一起做吧。
B：我早有这个愿望，你跟我的想法完全一样。

2. 赞许 칭찬

常用的表达方式有“这真不错”“太好了”“真让人佩服”“动词＋得真周到”等。

자주 쓰이는 표현방식에는 “这真不错(이건 정말 괜찮네요)”,“太好了(너무 좋네요)”,“真让人佩服(정말 감탄스럽네요)”,“V＋得真周到(정말 세심하게 V 하셨네요) ” 등이 있다.

例如：

(1) A：你们要想进入那个新市场，先用小批产品在那里试销，销得好再多投入。

B：贵公司考虑得真周到。谢谢，我们就按你们的建议做。

(2) A：我们已经作了大面积的市场调查，数据相当准确。

B：你们的工作成就真让人佩服。

语法举要 주요 문법

1. 递进复句(单个关联词) 점진복문(접속사가 하나)

后边的分句比前边的分句有更进一层的意思。本课递进复句的例句是使用单个关联词的，即前一分句不使用关联词，后边的分句使用关联词“而且”。常见的关联词有“……，而且……”“……，进而……”等。

뒷구절은 앞구절보다 한층 더해짐을 나타낸다. 본 과문의 점층관계 복문은 한 개의 접속사만 사용했다. 즉 앞구절은 접속사를 사용하지 않고 뒷구절만 “而且(게다가, 뿐만아니라)” 를 사용했다. 자주 쓰이는 접속사에는 “……，而且……” 와 “……，进而……” 등이 있다.

例如：

(1) 贵公司在世界各地有很多客户，而且有很好的声誉。

(2) 在同一时期、同一地区建设相同的项目，会造成资金浪费，而且会产生不必要的竞争。

(3) 他们更新了设备，进而使生产量得到了很大的提高。

2. 程度补语 정도보어

用来表示程度状况。常用格式为“动词＋得/得不＋形容词”或“形容词/动词＋透/死/坏/多/远”等。

상황의 ‘정도’를 나타낼 때 사용한다. 자주 쓰이는 형식에는 “动词＋得/得不＋形容词(동사 + 得/得不 + 형용사)”나 “形容词/动词＋透/死/坏/多/远(형용사, 동사 + 透(보어로 쓰여 도리 · 사리 · 상황 등에 관한 이해나 인식, 연구 정도가 철저하고 분명함을 나타냄)/死(…해 죽겠다. 극도로(죽도록) …하다)/坏(보어로 쓰여 나쁘게 됨, 망치게 됨을 의미)/多(많이 ~ 하다)/远((차이가)크다. 많다. 심하다.)” 등이 있다.

例如：

(1) 相信借贵公司的“船”，我公司的产品会销得更远，销得更好。

(2) 现在新款手机卖得真好，尤其是年轻人特别喜欢。

(3) 这类产品市场需要量不大，所以生产得不多。

词语聚焦 주요 단어

1. 乐意 (…하는 것을) 즐겁게 여기다. 기꺼이 …하려 하다.

动词，甘心，愿意。

동사. 기꺼이 원하다, 달가와하다

例如：

(1) 大家都乐意帮助他。

(2) 由于交通拥挤，现在大家乐意用公交车代替私家车。

(3) 我本人非常乐意担负起这个责任。

2. 就是说 즉, 다시 말하면, 바꾸어 말하면.

固定结构，对前面的内容作进一步的解释和说明。
고정구조. 앞의 내용에 대해 진일보 해석하고 설명하다.

例如：

(1) 谈判的时候要仔细倾听对方的说明，就是说要完全理解对方的意图。
(2) 这袋食品明天就过保质期，也就是说，它明天就应该从货架上拿下来了。
(3) 这块石砖上有明代的年号，也就是说，这块石砖至少有400多年的历史了。

3. 即便　설사 …할지라도, 설령 …하더라도.

连词，表示假设的让步。
접속사. 가설적인 양보를 나타낸다.

例如：

(1) 为了市场竞争，即便付出很大的经济代价，也要对产品进行更新。
(2) 为了使新产品研制成功，即便投入高一些，也是值得的。
(3) 那类质量问题比较多的汽车，即便降低价格，买的人也不会多。

4. 为准　…을 / 를 기준으로 하다.

词组，作为标准。常用的格式为“以……为准”。
절. 기준으로 삼다. 주로 “以……为准(…을 / 를 기준으로 삼다)” 의 형식으로 사용된다.

例如：

(1) 有效的合同以双方正式签字的文本为准。
(2) 产品的使用应以使用说明书为准。
(3) 优惠票价执行日期以旅行始发日期为准。

5. 相应　서로 어울리다.

形容词，相适应。
형용사. 서로 맞아 어울리다.

例如：

(1) 条件改变了，价格也要进行相应的调整。

(2) 工程出了问题，管理者理应承担相应的法律责任。

(3) 公司卖出产品后，还向客户提供相应的售后服务。

배경 지식

经贸知识链接

独家代理

독점 대리

委托人根据独家代理协议，在一定期间，在一定地区内给予代理商代销某种商品的专营权，并按销售额的比例付给佣金，这种贸易方式，称独家代理。委托人与代理商的关系，是委托代理关系，不是买卖关系。委托人自负盈亏、自担风险并不得再向该地区其他客户直接推销该项产品。代理商则以委托人身份与买主洽谈交易，签订买卖合同。在协议执行期间，代理商应完成最低销售额并努力开辟市场以完成协议规定的独家代理业务。

위탁인이 독점대리협의에 근거하여 일정한 기간, 지역내에서 대리 상인에게 어떤 상품의 전매권을 주고, 판매액의 비례에 따라 수수료를 지불하는 무역 방식을 독점 대리라고 한다. 위탁인과 대리상의 관계는 위탁대리 관계이지 매매 관계가 아니다. 위탁인은 자체로 손익을 책임지고, 위험 부담을 하며 또 해당 지역의 기타 고객에게 해당 상품을 직접 판매하도록 해서는 안된다. 대리상은 위탁인의 신분으로 고객과 교역 협상을 하며 매매 계약 체결을 한다. 협의 집행 기간에 대리상은 협의 규정의 독점 대리 업무를 완성하기 위해 최저수준의 판매액을 완성하고 또 시장개척에 노력해야 한다.

练习 연습

一、替换练习 교체 연습을 해보세요.

1. 为了扩大我公司的业务，想请贵公司作我们的代理。

   与贵公司进行合作
   跟贵公司联手开发市场
   和贵公司交流经验
   引进贵公司的管理方法

2. 那就是说，我们有代销贵公司数码照相机的专营权了。

   我们可以使用你们的牌子了
   双方建立了合作关系
   我们的产品有了代理商
   那个市场向我们开放了

3. 现在市场竞争这么厉害，大胆决策和稳步推进都是必要的。

   作好调查研究
   开发出新产品
   降低产品价格
   提高服务质量

4. 我们对贵公司是完全有信心的。

   充分相信
   充满敬意
   有所了解
   十分钦佩

5. 根据累计的销售数量按累进佣金率加在一起支付，这是一般通行的做法。

> 进口前先进行商品检验
> 信用证要有银行的附签
> 合同一般要有两份正本
> 给代理商支付 1% 的佣金

二、词语搭配(不是唯一搭配) 어울리는 단어를 연결하세요. (여러 개의 답이 가능합니다)

扩大	协议
保留	推进
支付	激烈
进行	业务
大胆	权利
稳步	佣金
竞争	预测
相应	决策
签订	调整

三、将下面的词语组成句子 아래 주어진 단어로 문장을 만드세요.

1. 代理　让　一般　贵　准备　我们　独家　还是　代理　公司　作

2. 有效期　我们　多长　协议　时间　呢　的　是

3. 要　对　预测　的　需求量　进行　市场

4. 方式　佣金　规定　支付　呢　怎么　的

5. 商量　中　具体　这些　的　问题　仔细　协议　应该

四、用指定词语完成句子 주어진 단어로 문장을 완성하세요.

1. 电视台记者让我谈谈市场问题，____________________。(乐意)
2. 这个写字楼是几个公司合资修建的，____________________。(就是说)

3. 作为代理商，____________，他自己也不会有什么损失。(即便)
4. 合同的有效期，以双方____________。(为准)
5. 客户对你们的产品提了些问题，请你们____________。(相应)

五、使用程度补语完成句子 정도보어를 사용하여 문장을 완성하세요.

1. 这件工艺品____________，她站在前面久久不愿离去。
2. 我扛着两个大行李下火车，走出车站已经出了一身大汗，真把我____________。
3. 一次要填这么多的表格，真是____________。
4. 合同上的签字____________，应该重新签。
5. 这种洗衣机的功能很简单，比那种____________。

六、完成复句 아래 주어진 복문을 완성하세요.

1. 这个公司的服务很周到，负责免费修理，而且____________。
2. 公司严格控制产品质量，调低了产品价格，进而____________。
3. 我们需要资金支持，而且____________。
4. 作好市场调查，完善服务机制，进而____________。

七、用本课的功能项目完成对话 본문의 기능(공능) 사항을 사용해서 대화를 완성하세요.

1. A：我们两个公司一起开发这个新产品怎么样？
   B：____________，现在市场竞争太厉害，需要这样的联合开发。(愿意)

2. A：我们有很广的销售网络，我们来作你们的代理，你看行吗？
   B：由你们这样的大公司来作我们的代理，____________。(愿意)

3. A：这是我们公司新研制出的手机，您看怎么样？
   B：____________。(赞许)

4. A：这是你们代表团的日程安排，看还有什么要补充的？
   B：____________，我们完全没有意见。(赞许)

八、听录音 녹음을 들어보세요.

1. 听下面一段话，根据提问从A、B、C、D中选出最恰当的答案
질문에 근거해 A,B,C,D 중 가장 알맞은 답을 고르세요.

(1) (　　)
A. 经销商　　B. 代理商　　C. 本企业　　D. 商家

(2) (　　)
A. 买断企业产品　　B. 给厂家一定额度
C. 用自己的产品　　D. 代企业卖产品

2. 一边听，一边在横线上填写数字
들으면서 가로 줄 위에 숫자와 한자를 채워 넣으세요.

进口废电缆________吨；合同外汇总金额为________美元；银行手续费为________，换汇手续费为________；东莱公司应于合同签署________天内将货款的________支付给经贸公司，汇率按________计算。

九、应用写作 응용 작문

模仿下面的《独家代理协议书》写作一份协议书，注意行文格式和使用的词语。
아래〈독점대리 협의서〉를 모방해 협의서를 써보세요, 격식과 단어사용에 주의하세요.

独家代理协议书

本协议于20____年____月____日签订。
甲方：中国，上海华海有限公司
乙方：澳大利亚，墨尔本国际贸易有限公司，甲方指定的合法代理人

协议条款如下：
1. 甲方(简称公司)授予乙方(简称代理人)在澳大利亚墨尔本经销丝织品的独家代理权，自本协议签字日起为期2年。
2. 代理人保证履行其向公司订货之承诺，非经公司同意，代理人不得更改关于装运订货的任何指令。

3. 本协议履行期间，代理人将收取佣金：
   订单额少于______美元，按______%收佣；
   订单额超过______美元，按______%收佣。
4. 代理人提供的发票金额，包括佣金和除邮寄、小额杂费以外的相关开支，公司将开具不可撤销跟单信用证予以支付。
5. 任何一方提前3个月用挂号信书面通知对方终止协议或任何一方在任何时候违背本协议1至4款的任何一款，本协议即告终止。

本协议于上述时间双方签字盖章起生效。

上海华海有限公司代表　　　　签字：__________
墨尔本国际贸易有限公司代表　　签字：__________

十、阅读 독해

1. 阅读下面7个句子和后面的A、B、C、D四段话。确定每个句子分别与哪段话对应。A、B、C、D 4个字母可以多次使用。
   아래 7 개 문장과 뒷부분의 A,B,C,D 네 토막의 글을 읽고, 각 문장과 대응되는 토막 글을 찾아보세요. A,B,C,D 4 개 자모는 여러번 사용할 수 있습니다.

(1) 山花公司应对退货所产生的后果承担责任。 (　　)
(2) 法院对代理合同纠纷案件作了最后的判决。 (　　)
(3) 代理出口公司从货物退税款中扣除代理费。 (　　)
(4) 新蓝公司并未对其作为该批货物出口受托人的资格有过异议。(　　)
(5) 该批货物最终被海关变卖处理。 (　　)
(6) 客户后因交期、质量等问题拒付货款。 (　　)
(7) 中级法院依法驳回了山花公司的诉求。 (　　)

一起外贸代理合同纠纷案

A

日前，某省中级法院审结一起外贸代理合同纠纷案件，原告山花公司委托被告新蓝公司出口10万件服装至某国，而山花公司擅自与外方达成退货协议，却以造成重大损失为由要求新蓝公司赔偿。该中级法院依法驳回了这一诉求。

B

某年6月30日，新蓝公司与某国一公司签订一份售货确认书，约定经由新蓝公司出售给该公司10万件女式防寒服大衣，每件人民币112元，共计货款1 120万元。当日，新蓝公司又与山花公司签订一份代理出口协议书，由山花公司委托新蓝公司代理出口防寒服10万件，总计金额948万元，新蓝公司提供所有的出口单据，对产品的交期、质量等事宜不参与，由客户直接与山花公司接洽，新蓝公司收取合同总金额的0.5%作为代理费用，从退税款中扣除。客户后因交期、质量等问题拒付货款。山花公司与客户经协商达成退货协议，其中3.1万件棉大衣的往返运费、该国进口关税和在该国期间仓储费用由山花公司承担，该国协助办理出境手续，所发生的费用由山花公司承担，但上述退货事宜山花公司未通知新蓝公司。

C

由于客户要求退货，同年7月，该批货被运达原发货港口，山花公司付清了其中8个集装箱的运费，新蓝公司则以与山花公司没有外贸代理关系、未出口该批货物为由拒绝清关。

后山花公司多次要求新蓝公司清关未果，随即向该中级法院起诉。法院在审理中新蓝公司未协助清关，山花公司最终无力支付有关清关费用，该批货物最终被海关清关处理，后又被该海关变卖处理。

D

法院经审理认为，大量证据证明该批货物是由山花公司直接委托新蓝公司出口至某国的，后货退至海关，海关在通知新蓝公司提货时并未对新蓝公司的提货人资格提出异议，新蓝公司在与山花公司经办人的往来传真件中，新蓝公司并未对其作为该批货物出口受托人的资格有过异议。因而该批货物应当是由新蓝公司代理出口的。新蓝公司称山花公司与其不构成代理关系的抗辩不成立，但山花公司作为委托人未经受托人同意，自行与外商达成退货协议，故山花公司应对退货所产生的后果承担责任。

2. 将上面4段短文连接成一篇文章，用自己的话复述出来。
   위의 네 토막의 글을 한 편의 글로 완성하고, 자신의 언어로 복술해 보세요.

3. 讨论 토론해보세요.
   (1) 在这场外贸代理合同纠纷中，山花公司、新蓝公司各应该吸取什么教训？
   (2) 你认为该如何避免这类外贸代理合同纠纷？

副课文 부본문

做成功的品牌服装代理

目前，品牌服装大都采用的是特许专卖的经营模式，而特许经营也是今天最为成功的一种营销模式。因此，代理商要做好品牌代理，首要的就是要了解特许经营的游戏规则。

特许经营的核心就是统一，是一个成功模式的模仿过程。代理商受到委托经营的不仅仅是商品，而且是整个模式，这其中包括品牌标志、店名、商标、经营标准、产品和服务的质量标准、经营方针等方面，所有这一切都必须按照总部的全套模式进行。而这整个模式是总部经过长期的实践检验，证明具有科学依据和市场优势的成功模式。如果代理商不能理解和贯彻模式的精髓和要求，模式的市场优势就无法体现，代理再好的品牌都难以获得较好的利润。

因此，代理商在选取了代理的品牌后，务必深入认真地理解总部的经营模式、经营理念、品牌文化、品牌特性和品牌的市场定位；严格按照“统一”的原则，在辖区市场加以贯彻和传播，不惜代价地保证辖区市场与总部的要求一致，这样才能将品牌的有利资源充分利用起来，使品牌成为你的摇钱树。

词语表단어

1.	特许	（动）	tèxǔ	특허하다
2.	专卖	（动）	zhuānmài	독점 판매하다
3.	模式	（名）	móshì	유형, 패턴, 모델
4.	游戏	（名）	yóuxì	게임
5.	核心	（名）	héxīn	핵심
6.	服务	（名）	fúwù	서비스
7.	总部		zǒng bù	본사, 본부
8.	精髓	（名）	jīngsuǐ	정수, 핵심, 가장 중요한 부분
9.	体现	（动）	tǐxiàn	구현하다, 체현하다
10.	选取	（动）	xuǎnqǔ	골라 갖다
11.	务必	（副）	wùbì	반드시, 꼭
12.	理念	（名）	lǐniàn	이념
13.	定位	（名）	dìngwèi	(확정된) 위치
14.	辖区	（名）	xiáqū	관할구역
15.	不惜	（动）	bùxī	아끼지 않다
16.	代价	（名）	dàijià	대가
17.	摇钱树	（名）	yáoqiánshù	돈줄 (신화 속에 나오는 흔들면 돈이 떨어진다는 나무)

问题与讨论 질문과 토론

1. 代理商要做好品牌代理首先应该怎么办?
2. 什么是特许经营的核心?
3. 为什么说代理商受到委托经营的不仅仅是商品?
4. 怎样才能使品牌获得好的利润?
5. “使品牌成为你的摇钱树”这句话中的“摇钱树”是什么意思?

第7课 推销

제7과 판로확장

主课文 본문

A 陈总，您好。我是诚信电子公司推销部的业务员。我姓李，这是我的名片。昨天给您打过电话。是关于我们公司产品的事。

B 你好，请坐。你说的资料都带来了吗？

A 都带来了。这是我公司的新产品——高清晰度可视对讲设备的资料。请您看看。

B 说实话，我们已经在用高清晰度可视对讲设备了，而且已经有了自己的进货渠道。

A 现在的电子设备换代非常快，我们这款产品是最新推出的，比同类产品功能更多，操作更便捷。

B 我们倒是需要添置些新设备，你们的价格怎么样？

A 陈总，现在有大量现货，服务也没的说。请看报价单。您可以比较一下价格。我们是公司直销产品，价格上有优势。

B 你们的价格打几折呀？

A 打七折。

B 哦，你等一下，我拿计算器算算。你这产品的功能没增加什么，可价格倒不便宜呀。

A 价格上可能是贵了点儿。可它是新一代产品。再说，您要是从我们这儿进货，可以省去运费呀。

B 倒也是。不过我们的进货渠道一直都是很固定的，而且可以不用马上结账。

A 咱们要是建立合作关系，也可以不必马上结账啊。可以一月一结。

B 我们现在用的是鹰牌公司的产品，质量不错。可你们公司的产品我们以前没用过。

A 我们的产品是新一代高端产品，在欧美市场已经打开了销路。从用户那里得到的评价也是相当不错的。鹰牌公司的产品确实不错，可价格有点儿高。而我们的产品质量一点儿不比他们的差，价格却比他们的便宜。

B 对不起，小李，你们公司的系列产品介绍在哪儿？我想看看。

A 喏，您手上的那本就是。

B 呦，印得这么考究，我还以为是本画报呢，真花了本钱了！

A 高质量的产品当然应该配精致的说明书啦，您说是不是？

B 你真会说话！

A 您如果有兴趣的话，我们马上派人把样品给您送来看看。

B 那倒不必。这样吧，让我考虑考虑。你的资料先放下，我们研究以后再跟你们联系好了。

A 希望你们选用我们的产品。您看还需要了解哪些情况？

B 目前没有，有什么需要的话，我们会跟你们联系的。

B 好的。欢迎您有机会到我们公司去参观参观。我们那儿有全套产品的演示。我们的工程师还可以给您这儿作免费的技术支持。

B 谢谢。我们有自己的工程师可以作技术支持。

A 您即使不从我们那儿进货，有什么需要做的，也可以和我们联系，我们可以帮您做。

B 谢谢你。那我们以后再联系吧。

A 您别客气。改天我再和您联系。陈总，那我先走，不打扰您了。

B 好，再见。

A 再见。

词语表 어휘표

1. 诚信	（名）	chéngxìn	성신(회사명)
2. 名片	（名）	míngpiàn	명함
3. 高清晰度	（名）	gāoqīngxīdù	고화질
4. 可视	（形）	kěshì	비디오, 화상
5. 对讲	（动）	duìjiǎng	마주 이야기하다 (可视对讲设备: 비디오도어폰)

6. 渠道	(名)	qúdào	경로, 루트
7. 倒	(副)	dào	오히려, 도리어
8. 报价单	(名)	bàojiàdān	견적서
9. 直销	(动)	zhíxiāo	직접 판매하다
10. 省	(动)	shěng	덜다, 줄이다
11. 运费	(名)	yùnfèi	운송비
12. 固定	(形)	gùdìng	고정되다, 일정하다, 고정적이다
13. 结账	(动)	jiézhàng	결산하다
14. 新一代		xīn yīdài	신식, 신형, 신세대
15. 销路	(名)	xiāolù	판로
16. 评价	(名)	píngjià	평가
17. 相当	(副)	xiāngdāng	상당히
18. 系列	(名)	xìliè	시리즈
19. 喏	(叹)	nuò	(상대방에게 말을 걸거나 주의를 환기시키는데 쓰임)자, 이(저)봐, 여보시오.
20. 呦	(叹)	yōu	어!(놀람을 나타내는 소리)
21. 考究	(形)	kǎojiu	신경쓰다, 정미하다
22. 本钱	(名)	běnqián	원금, 본전
23. 配	(动)	pèi	알맞게 맞추다
24. 精致	(形)	jīngzhì	세밀하다, 정교하다
25. 全套		quán tào	한 벌, 한 세트
26. 演示	(名)	yǎnshì	(실물, 도표 등을 이용하여)설명하다, 시범을 보이다
27. 免费	(动)	miǎnfèi	무료로 하다
28. 改天	(副)	gǎitiān	후일, 딴 날

专有名词

鹰牌 (商标名)	Yīng Pái	응패(EAGLE - 으랜드이름)
欧美	Ōu-Měi	구미 (유럽과 아메리카)

重点句 주요구절

1. 我们倒是需要添置些新设备。

2. 我们的进货渠道一直都是很固定的。

3. 高质量的产品当然应该配精致的说明书啦。

4. 希望你们选用我们的产品。

5. 您看还需要了解哪些情况?

6. 我们的工程师还可以给您这儿作免费的技术支持。

功能项目 주요기능

1. 引入话题 화제유도

常用的表达方式有"说实话,……""请你谈谈关于……""这个情况你清楚,你说说吧""要我说呀……"等。

자주 쓰이는 표현방식에는 "说实话,……(솔직히 말하면, …)", "请你谈谈关于……(…에 관해서 이야기를 좀 해보세요)", "这个情况你清楚,你说说吧(이상황에 대해서 잘 아시겠는데, 말씀 좀 해보세요)", "要我说呀……(제가 말씀드리자면…)" 등이 있다.

例如：

(1) A: 这是我公司的新产品——高清晰度可视对讲设备的资料。请您看看。

B: 说实话，我们已经在用高清晰度可视对讲设备了，而且已经有了自己的进货渠道。

(2) A: 李先生，我们讨论一下当前市场的情况吧。这个情况你清楚，你说说吧。

B: 我也只是知道一些情况，谈不上清楚。那好，我就先说说。

2. 犹豫 주저, 망설임

常用的表达方式有“……考虑考虑”“……拿不定主意”“……左思右想决定不下来”等。

자주 쓰이는 표현방식에는 “……考虑考虑(좀 고려해보겠습니다)”，“……拿不定主意(… 결정할 수가 없군요)”，“……左思右想决定不下来(이리 저리 생각해봐도 결정할 수가 없네요)” 등이 있다.

例如：

(1) A：贵方觉得我们的方案怎么样?现在能作出决定吗?

B：这样吧，让我考虑考虑。

(2) A：向西部投资好呢，还是向东部投资好呢?我们公司现在还拿不定主意。

B：别犹豫了，机会难得呀!

语法举要 주요 문법

1. 比字句 비교문

本课出现的“A 比 B 更……”是比字句的一种表达方式。它的基本式为“A 比 B ……”，句中加“更”，强调的是“B”的程度虽然高，可“A”的程度超过了“B”。句中的谓语可以是形容词、动词、形容词短语、动词短语及主谓短语等。

본 과문의 "A比B更……" 은 비교문의 일종 표달방식인데 기본형식은 "A比B更……" 이다. "更" 을 사용해 "B" 의 정도가 비록 강하지만 "A" 의 정도가 "B" 를 초월했음을 강조한다. 문장의 술어는 형용사, 동사, 형용사단어결합, 동사단어결합 주어와 술어의 결합이 될 수 있다.

例如：

(1) 我们这款产品是最新推出的，比同类产品功能更多。

(2) 守住老市场比开发新市场更需要智慧。

(3) 张先生比我更懂得经营管理。

2. 兼语句(1)(有＋兼语＋动词……) 겸어문(1)

本课兼语句的格式为"有＋兼语＋动词……"。所谓兼语，指的是在同一个句子中，做宾语的词语同时做后边主谓结构的主语，这个同时兼任宾语和主语的句子成分被称为兼语，含这种兼语的句子被称为兼语句。

본과문의 겸어문의 주요형식은 "有＋兼语＋动词……" 이다. 한 문장 가운데서 목적어가 되는 단어가 뒤에 오는 주어와 술어 결합구조의 주어가 되면서, 목적어와 주어를 동시에 겸하는 성분을 겸어라 하고, 겸어를 포함한 문장을 겸어문이라 한다.

例如：

(1) 我们有自己的工程师可以作技术支持。

(2) 这种产品附近有几家商店正在出售。

(3) 刚才有两个推销员来这里推销新式吹风机。

词语聚焦
주요 단어

1. 渠道 루트, 경로

名词，原意指用来引水排灌的水道。引申为途径、门路的意思。

명사. 원래는 물을 끌어들여 배수 관계 하는 수로를 가리켰는데 지금은 주로 '경로, 방법' 의 의미로 사용된다.

例如：

(1) 他们通过各种渠道了解市场的情况。
(2) 第三产业已经成为我国扩大劳动就业的主渠道。
(3) 消费者应该买那些从正规渠道来的产品。

2. 倒 오히려

副词，表示转折。用于前后句子意思相反或相对的场合，相当于“却”。不用“倒”时，句子语气较强。
부사. 전환관계를 나타낸다. 앞구절과 뒷구절의 의미가 서로 반대되거나 대립관계를 나타낼 때 쓰이는 데 “却” 에 해당된다. “倒(오히려)” 를 쓰지 않을 때 문구의 어투가 비교적 강하다.

例如：

(1) 你这产品的功能没增加什么，可价格倒不便宜呀。
(2) 这家饭店的门脸不大，饭菜做得倒挺有特色的。
(3) 这家公司成立时间不长，管理方式倒挺先进的。

3. 相当 상당히

副词，表示程度高，但不到“很”的程度。
부사. 정도가 높음을 나타내지만, ‘很(아주)’ 의 정도에는 미치지 않았다.

例如：

(1) 新开发的产品性能相当不错。
(2) 高等院校录用员工注重高学历有相当的合理性。
(3) 与国际同类产品相比，这种产品具有相当高的水平。

4. 考究 신경쓰다, 정미하다.

形容词，精美。
형용사. 정미하고 화려하다.

例如：

(1) 为了吸引顾客，饭店把客房布置得很考究。
(2) 这个地处偏远农村，带有浓厚传统色彩的度假村，竟装修得如此考究。

(3) 一些在高级写字楼工作的人常穿考究的法国西服和高档的意大利皮鞋。

5. 配 (적당한 기준이나 비례로) 배합하다, 맞추다

动词，衬托；陪衬。
동사. (다른 사물을 이용하여) 돋보이게 하다. 안받침하다.

例如：

(1) 出色的产品配上很好的说明书，一定会受到客户的欢迎。
(2) 穿这样的西服配深色的领带正合适。
(3) 画面上的红花配上绿叶显得非常美丽。

배경 지식
经贸知识链接

打折
할인

打折是商家让利促销的一种方式。让利的多少大部分取决于商品原来的价格。所以，打折必须建立在原来对商品合理定价的基础之上。如果商品原来的价格就不合理，那么打折就会受到怀疑。另外，从打折也可以了解市场对产品价格的认可程度。比如，应季商品上市不久就打折出售，说明这种产品的原价是不被市场所接受的。

할인은 원 상품의 가격이 합리적으로 정해진 기초상에서 결정되어야 한다. 만약 원 상품가격이 합리적이 되지 못했다면 할인은 의심이 된다. 또 할인으로부터 시장이 상품가격에 대한 인정정도를 알수 있다. 예를 들면 계절상품이 출시한지 얼마 지나지 않아 할인 판매 한다면 이는 상품의 원가가 시장의 인정을 받지 못했다는 걸 설명한다.

练习 연습

一、替换练习 교체 연습을 해보세요.

1. 昨天给您打过电话，是关于我们公司产品的事。

上午	产品质量
下午两点	签订合同
刚才	交换信息
下班以前	参展

2. 我们这款产品是最新推出的，比同类产品功能更多。

研制	质量更好
出产	价格更便宜
上市	款式更新
改装	技术更先进

3. 现在有大量现货，服务也没的说。

有很多样品	质量
有许多选择	价格
8折优惠	种类
减价	花色

4. 您如果有兴趣的话，我们马上派人把样品给您送来看看。

打算买	货物拿来请您过目
想了解	说明书给您送来
想试一试	样机送到您的家里
想看样货	它从仓库运到这里

5. 你的资料先放下，我们研究以后再跟你们联系好了。

广告材料	作决定
价格表	给你回话
报价单	给你发传真
购货发票	给你报销

二、词语搭配(不是唯一搭配) 어울리는 단어를 연결하세요. (여러 개의 답이 가능합니다)

打折	便宜
操作	参观
直销	出售
打开	便捷
价格	产品
欢迎	销路

三、将下面的词语组成句子 아래 주어진 단어로 문장을 만드세요.

1. 渠道 很 进货 我们 的 是 固定 的 一直 都

2. 的 在 介绍 公司 哪儿 产品 系列 你们

3. 的 可以 公司 你们 还 价格 产品

4. 了解 哪些 您 还 情况 需要 看

四、用指定词语完成句子 주어진 단어로 문장을 완성하세요.

1. 消费者应到授权经销商处购买____________________。(渠道)
2. 我们公司想从国外进一批设备，你有____________________?(渠道)
3. 这批服装都是一种颜色，太单调了，应该____________________。(配)
4. 想要进入公司工作的大学毕业生，____________________。(相当)
5. 这批货质量真的很好，可____________________。(倒)
6. 经常和客户谈判，仪表很重要，所以你要____________________。(考究)

五、完成比较句 비교문을 완성하세요.

1. 从逛商店的情况看，女性比______________________________。
2. 介绍产品广告，电视比______________________________。
3. 很少得病的人，一旦得了病，好起来比__________________慢。
4. 购买新手机，年轻人比______________________________。

六、完成兼语句 겸어문을 완성하세요.

1. 刚才有人______________________________________。
2. 后排__________________________在说话，影响我们看电影。
3. 码头有许多人____________________________________。
4. 你快回宿舍吧，有人________________________________。

七、用本课的功能项目完成对话 본문의 기능(공능) 사항을 사용해서 대화를 완성하세요.

1. A：张先生，关于不可抗力的问题你有研究，给大家介绍一下吧！
   B：________________________，为了解决好这个问题下了一点儿工夫，所以对不可抗力的知识稍微了解一点儿，我就先来谈谈。……(引入话题)

2. A：现在大家都到场了，咱们开会吧！今天讨论代理商问题。谁先谈？
   B：________________________，找代理商不能太随便。(引入话题)

3. A：你考虑好了没有，咱们到底跟哪个公司合作？
   B：跟老关系合作保险，但没有什么创新，跟新关系合作，又不了解他们的底细，________________________。(犹豫)

4. A：你去还是不去？赶紧告诉我。
   B：________________________，还是让我想想再说吧。(犹豫)

八、听录音 녹음을 들어보세요.

(一)听下面三段短文，根据提问从A、B、C、D中选出最恰当的答案
세 토막의 문장을 듣고, 질문에 근거해 A,B,C,D 중 가장 알맞은 답을 고르세요.

1. (　　)
   A. 打工问题　　B. 市场问题　　C. 价格问题　　D. 产品问题

2. (　　)

A. 话题重要　　B. 语调重要　　C. 语言重要　　D. 模仿重要

3. (　　)

A. 谈话　　B. 服装　　C. 印象　　D. 感情

(二)听下面一段对话，根据提问从A、B、C、D中选出最恰当的答案

한 토막의 대화를 듣고, 질문에 근거해 A,B,C,D 중 가장 알맞은 답을 고르세요.

1. A. 书的价格太贵　　B. 书的质量不好　　C. 孩子不需要　　D. 不了解顾客心理

2. A. 书用金字印刷　　B. 书里全是插图　　C. 书有玻璃封皮　　D. 买书可以抽奖

九、写作 작문

根据上面第八题第二部分的内容，分析推销员的推销为什么没有成功?

十、阅读 독해

推销就是沟通，沟通的最高境界就是目标一致，达成交易。有一种推销的方法叫做模仿，这种方法运用在推销和人际交往中，非常成功，威力无比。

话题模仿。谈顾客感兴趣的话题，尊重顾客的想法与看法，形象地说，就是“对准频道”。每一个人都有一个最喜欢的频道，只有你发送的信息对准了这个频道，他才能接收，才能引起共鸣。如果顾客喜好炒股，你却跟他谈篮球，他马上会对你没兴趣，你就很难再向他推销产品了。“酒逢知己千杯少，话不投机半句多”，说的就是这个道理。

语调、风格模仿。语调模仿的作用在于有意识地创造一种感情融洽的气氛，以便对方更好地接受你。语调包括说话的语气、声调、声音大小和语速快慢。风格模仿要求我们说话时，遣词用句、说话的气度、作派等方面要尽量符合对方的情况。如果对方说话慢、声音低，你说话快、声音大，是谈不到一块儿的。再比如，为什么两个人大声吵架可以越吵越激烈，而我们从没看到一个大声吵，一个人小声吵，可以持续吵下去的。前者就是因为吵架双方都在模仿，所以“投机”，后者双方不模仿对方，就没有“默契”。

身体语言、姿势模仿。当你和你的爱人在公园里散步的时候，步伐是不是很合拍?绝对不会一个步子又小又快，另一个步子又大又慢。同样的道理，两个人融洽交谈的时候，他们的姿态和举止大致是相似的。要么采取差不多的坐姿或站姿，要么步

调和谐地散步。所以要想尽量取得一致，站姿、走姿、头的位置和动作、手势等等都可以去模仿，去营造一种和谐融洽的交谈气氛。

1. 根据短文内容选出最恰当的答案
本문의 내용에 근거해 가장 알맞은 답을 고르세요.

(1) 推销的目的是（　　）
A. 模仿别人　　B. 作成买卖　　C. 与人交往　　D. 显示威力

(2) 吸引顾客的方法是（　　）
A. 讨论他感兴趣的话题　　B. 跟他谈论篮球比赛
C. 直接介绍产品　　D. 说些宗教问题

(3) 短文最合适的标题是什么？（　　）
A. 推销的办法　　B. 模仿的妙用　　C. 说话的技巧　　D. 仪表的重要

2. 用自己的话复述短文内容（要求：发音正确，条理清楚，语句通顺，突出主要内容）
자신의 말로 본문 내용을 복술해보세요.（요구사항：발음이 정확하고，조리가 있어야 하며，어순이 매끄럽고，주요내용을 두드러지게 해야 합니다）

3. 讨论 토론해보세요.
(1) 推销的时候应该注意什么？
(2) 为什么说模仿对于推销成功很重要？

副课文
부본문

推销员的谈话技巧

作为一个推销员，掌握说话技巧是工作中的“重中之重”。一般情况下，推销员要在整个交谈中占主动地位，不能让客户的想法左右你，要用你自己的语言技巧循循善诱，最终让客户在你的引导之下逐步“上钩”。

当你在推销某个产品时，客户直接回答“我很喜欢”“我很需要”“我很满意”的是极少数。如果这时你听到客户“不需要”的回答后就放弃，显然是十分可惜的。那么，作为推销员又该怎样做呢?我们要在极短的时间里用一个巧妙的话题引开客户，我们可以在一种宽松的交谈环境中用调皮的口气告诉客户：“现在生活条件好了，我们大家最需要什么呢?”很多人的回答大概都是“健康”“快乐”“金钱”之类的，当客户在我们面前表达出他的某种需求和愿望时，我们就要将计就计，将他的需要和我们的产品联系起来，当然，这种联系是要有根据的，不能胡乱联系，一旦让客户觉得你在欺骗他，你们之间的信任感没有了，那么就会前功尽弃，所以在讲话的时候还要把握一定的尺度，不卑不亢，一步一步地走向成功……

词语表단어

1. 推销员	（名）	tuīxiāoyuán	판매원, 세일즈맨
2. 技巧	（名）	jìqiǎo	기교, 기술
3. 重中之重		zhòng zhōng zhī zhòng	（중요한 사실들 가운데서도）가장 중요한 사실
4. 交谈	（名）	jiāotán	이야기하다
5. 占	（动）	zhàn	차지하다
6. 引导	（动）	yǐndǎo	안내하다, 인도하다, 이끌다
7. 可惜	（形）	kěxī	아깝다
8. 金钱	（名）	jīnqián	금전, 돈
9. 将计就计	（成语）	jiāng jì jiù jì	장계취계 (상대방의 계략을 역이용하여 상대방을 공격하다.)
10. 胡乱	（副）	húluàn	함부로, 멋대로, 마구, 되는 대로
11. 前功尽弃	（成语）	qián gōng jìn qì	지금까지의 공로가 수포로 돌아

가다, 공든 탑이 무너지다, 헛수고로 되다

12. 尺度 （名） chǐdù 표준, 척도

13. 不卑不亢（成语） bù bēi bù kàng 비굴하지도 거만하지도 않다

问题与讨论 질문과 토론

1. 作者认为推销员最应该注意的是什么?
2. 如果顾客不需要你的推销，下边应该做什么?
3. 推销员控制话题的目的是什么?
4. 什么情况下顾客容易不相信推销员?
5. 你认为好的推销员应该具备哪些条件?

제 8 과
第 8 课 追账
채무독촉

主课文 본문

A 在对外贸易中，追账这事儿真让人头疼。

B 您遇到麻烦啦？

A 是呀，我跟外国公司做皮革生意，可不会讲对方的语言，报关的程序也不清楚，所以只好请了一家代理公司，结果我掉进了陷阱。

B 这究竟是怎么回事？

A 我和代理公司谈好，我负责发货和收钱，代理公司负责联系市场和销售。我的货物按时发给了代理公司，货物销得也很好，可是到收钱的时候却出了岔子。外商只付了60%的款，代理公司把钱转给我的时候，也只交给我40%，另外的20%据说他们在当地买了木材和钢材，等把这些木材和钢材运回国卖掉后再给我钱。

B 怎么可以这样做呢？

A 没办法，我只好每天往代理公司跑，向他们追要货款。

B 有结果吗?

A 代理公司总说他们会派人到国外把欠款要回来,可就是不把钱拿回来,还催我按合同继续发货。

B 如果不按合同办,你得承担违约的责任。

A 这正是我感到为难的地方。我要是不继续发货,以前的货款更不知道什么时候才能拿回来,要是我继续给他们供货,他们欠我的钱会越来越多,而且代理公司的代理费我也得一分不少地支付。时间拖得越长,对我越不利。

B 我想,单凭你自己去和代理公司交涉,这种做法不明智。同样,单靠代理公司独自去国外讨账也很难有好结果。与其你自己解决这样的涉外贸易纠纷,不如求助于国际经济贸易仲裁委员会,他们可以帮助你解决问题。

A 国际经济贸易仲裁委员会是个什么机构?

B 它是以仲裁的方式,独立、公正地解决契约性或非契约性的经济贸易争议的常设商事仲裁机构。它的仲裁裁决可以得到世界上大多数国家的承认。

A 那太好了,我去找国际经济贸易仲裁委员会来处理这个纠纷。

词语表 어휘표

1. 追账	(动)	zhuīzhàng	채무 · 빚 · 부채를 재촉하다
2. 对外贸易		duìwài-màoyì	대외무역
3. 事儿	(名)	shìr	일
4. 头疼	(形)	tóuténg	머리가 아프다, 골치 아프다

5. 皮革	（名）	pígé	피혁
6. 结果	（连/名）	jiéguǒ	결과, 결국, 드디어, 끝내
7. 陷阱	（名）	xiànjǐng	함정
8. 发货	（动）	fāhuò	출하하다, 화물을 발송하다
9. 货物	（名）	huòwù	화물
10. 销	（动）	xiāo	판매하다
11. 岔子	（名）	chàzi	사고, 말썽, 결함
12. 外商	（名）	wàishāng	해외바이어
13. 木材	（名）	mùcái	목재
14. 钢材	（名）	gāngcái	철재
15. 总	（副）	zǒng	내내, 늘, 언제나
16. 欠款	（名）	qiànkuǎn	빚진돈, 부채
17. 正是		zhèng shì	마침 … 이다, 바로 그러하다
18. 为难	（形）	wéinán	난처하다, 곤란하다
19. 凭	（介）	píng	…의거하다, …에 근거하다, …에 의존하다
20. 交涉	（动）	jiāoshè	교섭하다
21. 明智	（形）	míngzhì	현명하다
22. 独自	（副）	dúzì	단독으로, 혼자서
23. 讨账	（动）	tǎozhàng	빚을 독촉하다
24. 涉外	（形）	shèwài	외교에 관련되다, 섭외, 외국과 관련되다
25. 纠纷	（名）	jiūfēn	분쟁, 분규
26. 求助	（动）	qiúzhù	원조를 구하다
27. 契约性	（名）	qìyuēxìng	계약적
28. 非	（前缀）	fēi	어떤 범위에 속하지 않음을 나타내는 명사 접두사, 비

重点句 주요구절

1. 在对外贸易中，追账这事儿真让人头疼。

2. 我负责发货和收钱，代理公司负责联系市场和销售。

3. 代理公司总说他们会派人到国外把欠款要回来。

4. 如果不按合同办，你得承担违约的责任。

5. 这正是我感到为难的地方。

6. 单凭你自己去和代理公司交涉，这种做法不明智。

7. 它的仲裁裁决可以得到世界上大多数国家的承认。

功能项目 주요기능

1. 厌恶 혐오

常用的表达方式有“让人心烦”“让人头疼”“讨厌……”等。

자주 쓰이는 표현방식에는 “让人心烦(짜증나게 하다)”, “让人头疼(머리 아프게 하다)”, “讨厌……(… 하는 게 싫다)” 등이 있다.

例如：

(1) A：在对外贸易中，追账这事儿真让人头疼。
B：是呀，一般到了追账这种程度肯定是挺费心的。

(2) A：最近生意做得不顺，心里挺烦的。
B：现在哪有好挣的钱呀!

2. 不理解 이해하지 못함

常用的表达方式有“我不懂，怎么可以这样……呢”“我真不明白，情况怎么会是这样?”“让人难于理解”等。

자주 쓰이는 표현방식에는 “我不懂，怎么可以这样……呢(전 이해할 수가 없네요, 어쩜 이렇게 … 할 수가 있나요)”, “我真不明白，情况怎么会是这样?(전 정말 이해할 수 없습니다, 상황이 어떻게 이럴 수가 있단 말입니까)”, “让人难于理解(정말 이해하기 어렵게 만드는 군요)” 등이 있다.

例如：

(1) A：合同中都已经清清楚楚写明白了，却不按合同办，怎么可以这样做呢?

B：我们对合同的理解有差异，这是原来没想到的。

(2) A：这件事真是让人难于理解，怎么装上船的货到岸的时候变了呢?

B：这船在航行中间停靠过什么地方，应该查一查。

语法举要 주요 문법

1. 连锁复句 연쇄복문

偏句与正句紧紧相连，分句中一般出现同样的词语。如“越……越……”“愈……愈……”等。

종속문과 주문이 긴밀히 연결되어 있으며, 보통 앞, 뒷구절에 같은 단어가 나타난다. 예를 들면 “越……, 越……”, “愈……, 愈……” 등이 있다.

例如：

(1) 时间拖得越长，对我越不利。

(2) 公司怎么说，你就怎么做。

(3) 产品在市场上越受欢迎，我们越要注意产品质量问题。

2. 选择复句 선택복문

两个分句表示不同的事物，说话人选择其中的一个，放弃另一个。常见的关联词有“与其……不如……”“宁可……也不……”等。

두 단문은 서로 다른 사물을 나타내는데, 화자가 그 중 하나를 선택하고 다른 하나를 포기하는 것이다. 흔히 보이는 형식에는 “与其……不如”, “宁可……也不” 등이 있다.

例如：

(1) 与其你自己解决这样的涉外贸易纠纷，不如求助于国际经济贸易仲裁委员会，他们可以帮助你解决问题。

(2) 与其让他在课堂上学习两年，不如让他在实际工作中做一两个项目。

(3) 许多人宁可多花点钱去购买安全食品，也不买那些标注不全的便宜食品。

词语聚焦 주요 단어

1. 总 늘, 줄곧, 내내

副词，表示持续不变；一直；一向。也说“总是”。常见格式为：“总(是)＋动词”“总(是)＋那么/这么＋形容词”。

부사. 지속적으로 변화없음을 나타낸다. “总是”라고도 말한다. 흔히 보이는 형식은 ‘总(是)＋동사’, ‘总(是)＋那么/这么(그렇게/이렇게)＋형용사’ 이다.

例如：

(1) 晚饭后他总(是)到湖边散步。

(2) 他做生意总(是)亏本。

(3) 这种训练总(是)让我们得到很多收获。

2. 正是 마침…이다, 바로 그러하다

词组，恰好是。
절. 바로, 마침 …이다.

例如：
(1) 这种材料正是我公司需要的东西。
(2) 你的看法也正是我想表达的意思。
(3) 追求革新，这正是我们这个社会前进的动力。

3. 为难 난처하다, 곤란하다.

形容词，感到难以应付。
형용사. 대응하기에 어려움을 느끼다.

例如：
(1) 货物已经到港了却不能马上安排卸货，真让人感到为难。
(2) 孩子总是不听话，他的父母感到十分为难。
(3) 发生经济纠纷，需要十几万元的诉讼费，这真是让人挺为难的。

4. 凭 …에 근거하다, …에 의거하다.

介词，根据；依靠。
개사. 근거하다, 의거하다

例如：
(1) 我们凭优质的售后服务得到了顾客的信任。
(2) 企业的大事不能凭经理一个人说了算。
(3) 他凭两个小厂创造了几千万元的效益。

5. 非 비… (어떤 범위에 속하지 않음을 나타내는 명사 접두사)

前缀，表示不属于某种范围。常见格式有"非＋名词""(非＋动词)＋名词""(非＋形容词)＋名词"，构成名词。书面语。
접두사. 어떤 범위에 속하지 않음을 나타낸다. 주로 '非 + 명사', '(非 + 동사) + 명사', '(非 + 형용사) + 명사' 의 형식으로 명사로 구성한다. 서면적인 표현이다.

例如：

(1) 现在市场竞争很激烈，非专业人员很难推销出这些产品。

(2) 治病不要去那种非正规医院。

(3) 公司开业，非本公司职员也来了不少。

배경 지식

经贸知识链接

商务追账流程

상업상의 부채 독촉 과정

追账公司一般的业务流程是这样的：

客户提供欠款资料一式二份→签署委托协议并支付手续费→通过当地机构进行追讨→定期向客户提供进展报告

客户需提供的资料：

1. 债务人名称、地址、联系人、电话号码和传真。
2. 债务的总金额、付款方式、应付款日期。

부채 독촉 회사의 일반적인 업무 과정은 다음과 같다.

고객은 같은 내용의 부채 자료를 두 부 제공하며, 위탁협의에 서명하고 수수료를 지불한다. 그리고 나서 해당 기관을 통해 빚 독촉을 진행한다. 부채 독촉회사는 고객에게 진전 상황을 정기적으로 보고한다.

제공에 필요한 자료는: 1. 채무인의 이름, 주소, 연락인, 전화, 팩스 2. 채무 총금액, 지불 방식, 지불 날짜.

练习 연습

一、替换练习 교체 연습을 해보세요.

1. 在对外贸易中，追账这事儿真让人头疼。

合作经营	产生矛盾和分歧
交货过程	货物短缺损坏
贸易谈判	语言不通
商品检验	单据不齐全

2. 我跟外国公司做皮革生意，可不会讲对方的语言。

厂家讨论货款问题	知道对方真正的底价
贵公司研究合作项目	了解你们是什么态度
你商量欠款一事	想跟你发生争吵
你们公司签订合同	知道你方的意向

3. 如果不按合同办，你得承担违约的责任。

按时发货	赔偿损失
按要求包装	准备接受退货
了解货物标志	跟发货人取得联系
打算出售	把产品从货架上拿下来

4. 要是我继续给他们供货，他们欠我的钱会越来越多。

跟对方合作	我们的效益会越来越好
扩大投资	损失的资金会越来越严重
提供货物	市场的占有量会越来越大
等待升值	获利的可能性会越来越不确定

5. 单靠代理公司独自去国外讨账也很难有好结果。

仅凭一个公司的力量在大市场上竞争
跟那些信誉不高的公司做生意
在没有证据的情况下去打官司
要追账却不熟悉追账的方法

二、词语搭配(不是唯一搭配) 어울리는 단어를 연결하세요. (여러 개의 답이 가능합니다)

掉进	纠纷
负责	发货
解决	生意
常设	讨账
处理	解决
继续	陷阱
皮革	销售
独自	问题
帮助	机构

(掉进 — 陷阱)

三、将下面的词语组成句子 아래 주어진 단어를 사용하여 문장을 만드세요.

1. 和 在 他们 土特产 买 当地 工艺品 据说 了

2. 要 去 总 派 说 人 把 回来 会 代理人 他 欠款

3. 支付 一分 我 代理费 也 地 得 不 少

4. 仲裁 我 这个 去 来 处理 纠纷 委员会 找

5. 货物 对方 给 我 发 公司 按时 的 已

四、用指定词语完成句子 주어진 단어로 문장을 완성하세요.

1. ________________________，可一次也没来看过我。(总)
2. 公司各方面都取得了大发展，这________________________。(正是)
3. 你不要看有人退货就着急，这是________________________。(非)
4. 已经谈好的买卖，你们突然宣布终止合同，________________________。(为难)

5. 在竞争中，我们公司＿＿＿＿＿＿＿＿＿＿＿＿获得了广大的市场。(凭)

五、完成复句 아래 주어진 복문을 완성하세요.

1. 越是困难的工作，＿＿＿＿＿＿＿＿＿＿＿＿。(越……，越……)
2. 这种产品市场上太多了，＿＿＿＿＿＿＿＿＿＿＿＿。(愈……， 愈……)
3. 与其派那么多本公司的人去开发市场，＿＿＿＿＿＿＿＿＿＿＿＿。(与其……不如……)
4. 冬天已经过去了，这批毛衣与其现在低价销售，＿＿＿＿＿＿＿＿＿＿＿＿，把它卖个好价钱。(与其……不如……)
5. 产品质量是我们生存的保证，我们宁可受一些损失，＿＿＿＿＿＿＿＿＿＿＿＿交给客户。(宁可……也不……)
6. 虽然冬季快到了，可这批羽绒服有质量问题，＿＿＿＿＿＿＿＿＿＿＿＿，也不能就这样把它送进商店。(宁可……， 也不……)

六、用本课的功能项目完成对话 본문의 기능(공능) 사항을 사용해서 대화를 완성하세요.

1. A：这么多的工作需要做，＿＿＿＿＿＿＿＿＿＿＿＿。(厌恶)
   B：你现在就头疼了？以后头疼的事还多着呢！

2. A：＿＿＿＿＿＿＿＿＿＿＿＿＿＿＿＿＿＿。(厌恶)
   B：我跟你一样。我也愿意和讲信誉的人合作。

3. A：总公司通知我们暂时不要跟你们签合同。
   B：咱们都谈好了，＿＿＿＿＿＿＿＿＿＿＿＿。(不理解)

4. A：对不起，货物已经被你的合作公司提走了。
   B：他们没有提货单，＿＿＿＿＿＿＿＿＿＿＿＿？(不理解)

七、听录音 녹음을 들어보세요.

听下面两段话，根据提问从A、B、C、D中选出最恰当的答案
두 토막의 말을 듣고, 질문에 근거해 A,B,C,D 중 가장 알맞은 답을 고르세요.

1. (　　)
   A. 问题大很棘手　B. 影响资金流动　C. 没有经营者　D. 去法院打官司

2. (　　)
   A. 企业找国内专业机构委托债务人当地的追账公司追讨
   B. 企业最好直接委托国内追账公司去国外追讨
   C. 企业最好直接委托国外追账公司去国外追讨
   D. 企业找熟悉外国法律的国内追账公司去国外追讨

八、阅读 독해

从下面这篇文章中找出有用的信息，填写到后面的空格中。每题的答案不超过15个字

아래의 글에서 유용한 정보를 찾아내, 아래의 빈칸을 채우세요. 매 문제 답은 글자를 15 개 넘지 않습니다.

国际商账追收委托协议

甲方：国际商务咨询有限公司

乙方：________________

甲乙双方本着诚实守信，公平合理的原则，就追收__________事项，达成如下协议：

1. 甲方接受乙方委托，独家代理追收事项；非经甲方同意，乙方无权自行或委托第三方追收。
2. 甲方非经乙方特别授权，仅以非诉讼方式进行追收。
3. 如非诉讼方式不能有效实现追收目的，甲方有权建议乙方采用诉讼方式继续追收；甲方正式提出该建议后1个月内，乙方应予以书面答复。
4. 协议有效期内，债务人所偿付的每笔付款，均视为附件第三条指明的逾期账款。只有在甲乙双方同意的前提下，才可以减免债务人的债务。
5. 每一案委托，乙方须支付一定的不可撤销的服务费，用于甲方通讯、文件处理等支出；另外，甲方按追回的实际款项收取一定比例佣金；对未收回款项，乙方无须支付佣金。
6. 在追收过程中，如甲方发现债务人在本协议签字之日前已将部分或全部欠款支付乙方，且该欠款属于本协议追讨部分，则甲方收取已付款金额的5%的佣金。
7. 乙方于收到每笔付款后10日内，按照下文第15条约定的佣金比例向甲方支付佣金。
8. 乙方应随时向甲方提供追收所需文件及其他必要协助。

9. 如乙方委托甲方进行诉讼，则由乙方承担需先行支付的有关费用。
10. 甲方有义务及时向乙方通报追收情况，每月不少于一次。
11. 本协议自双方签字之日起生效，至全部债权实现后甲方佣金收取完毕止；非经双方协商一致该项委托不得解除，违约方应支付对方委托追收金额3%的违约金。
12. 甲方有转委托的权利。
13. 乙方在委托后，将不得与债务人进行直接接触。
14. 附件构成本协议的一部分。
15. 乙方支付给甲方的佣金比例是：__________
16. 本协议一式两份，甲方乙方各持有一份。

甲方代表：__________ (签名 / 盖章)　乙方代表：__________ (签名 / 盖章)
日　　期：__________　日　　期：__________

填写空格：

빈칸을 채우세요.

1. 代替债权人追账的是__________方。
2. 第三者帮助追账应该得到__________同意。
3. 减免债务的前提条件是__________。
4. 对还没有追收到的款项，佣金怎么支付?__________。
5. 获得佣金的时间是__________。
6. 甲方向乙方通报追收情况的次数要求是__________。
7. 在委托后，乙方__________与债务人进行直接接触。

副课文
부본문

为什么要委托专业机构追账

一般来说，企业出现账款拖欠后，首先采取的行动便是业务部门自己催讨。如果追讨一段时间之后仍没有实质性效果，债务人的一再拖延，常常使企业面临一种两难的困境：

一方面，债务人的一再拖欠，已表明他的资信状况不佳，债务人要么经营困难，要么蓄意拖欠，企业自己追讨已没有太大作用；另一方面，企业则可能由于费用较高、程序繁杂、时间漫长、判决结果的执行有困难等原因，极不情愿走上诉诸法律这一条路。解决这个问题的有效方法就是目前国际上通行的专业账款追收代理业务。

所谓专业账款追收代理业务，就是债权人将其逾期账款追收的权利交给专业收账机构，由其代理完成追讨工作。事实上，目前国际上60%以上的逾期账款的追收工作都是由这些专业收账机构来承担的。

词语表 단어

1. 一般来说		yībān lái shuō	일반적으로 말하면
2. 便	（副）	biàn	바로, 꼭, 틀림없이
3. 催讨	（动）	cuītǎo	(금전·부채 따위를 빨리 갚으라) 독촉하다
4. 实质性	（名）	shízhìxìng	실질적
5. 面临	（动）	miànlín	직면하다, 당면하다
6. 困境	（名）	kùnjìng	곤경, 궁지
7. 债务人	（名）	zhàiwùrén	채무자
8. 一再	（副）	yīzài	수차, 거듭, 반복하여 계속
9. 不佳		bù jiā	좋지 않다
10. 要么	（连）	yàome	…하든지, …하거나, 계속 또는 혹은
11. 蓄意	（动）	xùyì	(오래전부터) 음모를 꾸미다, 나쁜 생각을 꿈다
12. 繁杂	（形）	fánzá	번잡하다
13. 漫长	（形）	màncháng	(시간 따위가) 길다, 지루하다
14. 债权人	（名）	zhàiquánrén	채권자
15. 收账		shōu zhàng	(부채, 외상값, 빚 등을) 수금하다, 받아들이다
16. 事实上		shìshí shàng	사실상

问题与讨论 질문과 토론

1. 企业面对债务人欠债常面临哪些问题?
2. 作者认为追讨欠账的有效方法是什么?
3. 什么是专业账款追收代理业务?
4. 你认为怎样才能避免发生债务人欠款问题?

제 9 과

第 9 课 网上购物

9

홈 쇼핑

主课文 본문

A 听说网上购买东西比去商店买东西便宜，是真的吗？

B 一般来说，这是真的。比如你从网上购买电子产品，它们的价格比在商店购买的要便宜不少。

A 怎么会这样？那搞网络销售不就亏了吗？

B 怎么会亏呢？他们不但不会少赚钱，而且会得到更多的利润。

A 这就让人不明白了。因为商品的利润空间就是成本和价格之间的那部分，在这之外哪儿还会生出钱来呢？

B 奥妙就在这里。产品的出厂价、批发价和商店的零售价是不同的。要把产品从产地送到商店的货架上，中间要经历许多环节，这里包含着多层批发的费用和库存成本、店面成本。网上的商品价格便宜，是因为减少了中间的一些环节，比如没有库存成本和店面成本，价格自然可以降下来。

A 可是从网上购物怎么能保证商品的质量和售后服务呢？

B 这种担心是可以理解的，但是只要选择那些信誉好的销售公司购买商品，一般是没有问题的。

A 网上购物手续挺麻烦的吧？

B 不麻烦。只要打开电脑，进入因特网，找到相关的网址，就能购物了。

A 请您讲得具体一些。

B 进入购物的网页后，购物的步骤一般是先选定你所需要的商品，把它放入购物车，再去收银台确认收货人信息，然后选择付款方式。你有银行信用卡的话，可以输入账号直接划账，也可以选择快递付款、货到付款或者银行汇款方式。之后就会有配送员按照规定的时间把你买的东西送上门了。

A 这么简单！这样我就不用跑到商店去买东西啦。

B 可不是！只要是网上有的东西，你都可以用这种方法去买。

A 我想用这种方法买台笔记本电脑。

B 那你就试试吧。

词语表 어휘표

1. 网	（名）	wǎng	인터넷, 그물 형태의 조직이나 계통
2. 购物	（动）	gòuwù	물품 구매하다, 쇼핑하다
3. 一般来说		yībān lái shuō	일반적으로 말하면
4. 网络	（名）	wǎngluò	네트워크
5. 亏	（动）	kuī	손해 보다
6. 明白	（动）	míngbai	이해하다
7. 之外		zhī wài	…의 이외
8. 生	（动）	shēng	생기다
9. 奥妙	（形）	àomiào	오묘하다, 미묘하다, 밖에 드러나지 않은 이치, 감춰진 이치
10. 批发价	（名）	pīfājià	도매가
11. 零售价	（名）	língshòujià	소매가
12. 产地	（名）	chǎndì	생산지
13. 店面	（名）	diànmiàn	가게, 매장
14. 降	（动）	jiàng	내리다, 인하하다
15. 信誉	（名）	xìnyù	신용과 명예, 위신
16. 电脑	（名）	diànnǎo	컴퓨터
17. 因特网	（名）	Yīntèwǎng	인터넷
18. 网页	（名）	wǎngyè	웹페이지
19. 步骤	（名）	bùzhòu	순서, 절차, 단계
20. 选定	（动）	xuǎndìng	선정하다
21. 收银台	（名）	shōuyíntái	계산대, 결제하는 곳
22. 收货人	（名）	shōuhuòrén	수취인, 수하인
23. 信息	（名）	xìnxī	정보

24. 付款	（动）	fūkuǎn	돈을 지불하다, 계산하다
25. 信用卡	（名）	xìnyòngkǎ	신용카드
26. 输入	（动）	shūrù	입력하다
27. 账号	（名）	zhànghào	계좌번호
28. 划账		huà zhàng	(계좌를) 이체하다
29. 汇款	（动）	huìkuǎn	송금하다
30. 配送员	（名）	pèisòngyuán	배달원
31. 上门	（动）	shàngmén	방문하다, 찾아가다
32. 可不是		kě bù shì	물론이다, 그렇고 말고
33. 笔记本	（名）	bǐjìběn	노트북

重点句 주요구절

1. 听说网上购买东西比去商店买东西便宜，是真的吗？

2. 它们的价格比在商店购买的要便宜不少。

3. 商品的利润空间就是成本和价格之间的那部分。

4. 网上的商品价格便宜，是因为减少了中间的一些环节。

5. 没有库存成本和店面成本，价格自然可以降下来。

6. 只要打开电脑，进入因特网，找到相关的网址，就能购物了。

7. 你有银行信用卡的话，可以输入账号直接划账。

功能项目
주요기능

1. 疑惑 의혹

常用的表达方式有“为什么……?”“干嘛……?”“这就让人不明白了”“让人糊涂了”等。

자주 쓰이는 표현방식에는 “为什么……?(왜…)”, “干嘛……?(뭣 때문에… ?)”, “这就让人不明白了(이건 사람을 이해못하게 하네요)”,“让人糊涂了(헷갈리게 하네요)” 등이 있다.

例如：

(1) A：尽管他们违约了，但是法律还是不能追究他们的责任。
　　B：这就让人不明白了。难道还要追究我方的责任?

(2) A：这就让人糊涂了，搞网络销售不就亏了吗?
　　B：你不知道，搞网络销售不需要中间商，产品直接递送，他们有很大的利润空间。

2. 请求 청구, 부탁

常用的表达方式有“请你帮我一下”“劳驾，请帮我一下”“请……好吗?”等。

자주 쓰이는 표현방식에는 “请你帮我一下(절 좀 도와주세요)”, “劳驾，请帮我一下(실례합니다, 저 좀 도와주십시오)”, “请……好吗?(… 하는게 어떨까요?)” 등이 있다.

例如：

(1) A：请您讲得具体一些，刚才我还没全听明白。
　　B：好，我再给你详细说说……

(2) A：劳驾，你看我的申请表这么填写对不对?
　　B：这儿有点儿不对，申请人姓名，姓和名的第一个拼音字母都要大写。

语法举要 주요 문법

1. 说明因果句 설명인과복문

本课例句是因果复句的一种特殊形式，前句说明情况，后句具体说明这个情况产生的原因。常见的关联词有“之所以……，是因为……”“……，其实是……”等。

본 과문의 예문은 인과복문의 일종 특수 형식이다. 앞구절은 상황을 설명하고, 뒷구절은 그 상황이 발생하게 된 원인을 구체적으로 설명한다. 흔히 보이는 형식에는 “之所以……，是因为……”，“……，其实是”등이 있다.

例如：

(1) 网上的商品价格便宜，是因为减少了中间的一些环节，比如没有库存成本和店面成本，价格自然可以降下来。

(2) 这里的商品价格比其他地区便宜，其实是因为这里的商品不需要交税。

(3) 人们之所以去超市购物，是因为那里的东西便宜，而且可以随意挑选。

2. 兼语句(2)(有+兼语+把……) 겸어문(2)

本课兼语句的格式为“有+兼语+把+宾语+动词”。这类兼语句一般是无主语兼语句。

이 과문의 겸어문 형식은 “有+兼语+把+목적어+동사”이다. 이러한 겸어문은 보통 주어가 없는 겸어문이다.

例如：

(1) 之后就会有配送员按照规定的时间把你买的东西送上门了。

(2) 有人把你的货以你的名义提走了。

(3) 刚才有人把合同送来了，你没在。

词语聚焦
주요 단어

1. 一般来说　일반적으로 말하면

词组，意思是根据通常的情况。作为插入语，引出主要讲述的内容。
절. '일반적인 상황에 근거하면'라는 의미이다. 삽입어로서 서술하려는 내용을 끌어낸다.

例如：
(1) 一般来说，大公司有较好的信誉。
(2) 一般来说，竞争双方都不希望对方比自己强。
(3) 一般来说，夫妻在家里都有平等的发言权。

2. 亏　손해보다.

动词，受损失。
동사. 손실을 입다.

例如：
(1) 由于错过了销售季节，这次买卖亏了很多钱。
(2) 由于经营不利，公司亏了几百万。
(3) 把产品质量放在第一位，企业是亏不了的。

3. 明白　이해하다.

动词，知道；了解。常用在口语中。
동사. 알다, 이해하다. 주로 회화표현에서 많이 사용된다.

例如：
(1) 大企业联合开发产品的好处，他们是容易明白的。
(2) 通过工作实践，我明白了很多商贸方面的事情。
(3) 他一直不明白我的话是什么意思。

4. 生　나다. 생기다.

动词，产生。
동사. 생기다.

例如：

(1) 这里的人还习惯把钱存在银行里生利息。

(2) 这样幽雅的环境让人生出来长住的想法。

(3) 观看激烈的比赛，使他生出许多感慨来。

5. 可不是 그렇고 말고, 물론이다.

词组，表示附和和赞成别人的说法。用否定的形式表达肯定的意思。
절. 타인의 말에 동조, 찬성함을 나타낸다. 부정형식으로 긍정적인 의미를 표현한다.

例如：

(1) A：现在市场竞争真激烈呀！
B：可不是，大家都在发挥自己的长处去和别人竞争。

(2) A：成为一名宇航员是件非常不容易的事。
B：可不是，那是从许许多多飞行员里精心挑选出来的。

(3) A：上课迟到不但影响自己学习，也影响别人听课。
B：可不是，之前老师讲了什么，他没听到；走进教室也会影响别人。

배경 지식

经贸知识链接

电子商务
전자 상무

电子商务有广义和狭义两种。狭义的电子商务也叫电子交易(e-commerce)，主要是指利用Web提供的通信手段在网上进行的交易。而广义的电子商务指包括电子交易在内的利用Web进行的全部商业活动，如市场分析、客户联系、物资调配等等，也叫电子商业(e-business)。这些商务活动可以在公司内部、公司和公司之间进行，也可以在公司与个人之间进行。 电子商务实际上已经有20多年的发展历史了。国外一些大型企业在过去20多年中一直利用企业内部虚拟增值(VAN)进行交易活动。自从互联网诞生以来，越来越多的企业“触网”。随着技术的进步和时代的发展，企业电子商务已经深入到社会经济生活的各个角落。

전자 상무는 넓은 의미와 좁은 의미 두 종류로 나뉜다. 좁은 의미의 전자 상무는 전자 교역(e-commerce)이라고 하는데, 주로 Web이 제공하는 통신 수단을 이용하여 인터넷에서 진행하는 교역을 가리킨다. 넓은 의미의 전자 상무는 전자 상업(e-business)이라 부른다. 이는 전자교역을 포함한 Web을 이용하여 진행하는 모든 상업 활동을 가리키는데 시장 분석, 고객 관리, 물자 배치 등을 예로 (들수있다). 이런 상무 활동은 회사 내부, 회사와 회사 간에 진행할 수 있으며, 또 회사와 개인 간에 진행할 수도 있다.전자 상무는 이미 20 여년의 발전 역사가 있는데, 외국의 일부 대형 기업은 지난 20 여년 동안 줄곧 기업내부의 부가가치 통신망(VAN)을 이용하여 교역 활동을 진행해 왔다. 인터넷 탄생이후 점점 더 많은 기업이 인터넷을 사용하게 되었으며, 기술 진보와 시대 발전에 따라 기업 전자 상무는 이미 사회경제 생활의 구석구석을 차지하고 있다.

练习 연습

一、替换练习 교체 연습을 해보세요

1. 怎么会这样？那搞网络销售不就亏了吗？

这样做	赔
不注意质量	丢掉市场
放弃服务	丢掉客户
不遵守承诺	失去信誉

2. 没有库存成本和店面成本，价格自然可以降下来。

减少了销售的中间环节
派员工直接上门推销
去掉不必要的华丽包装
降低了劳动成本

3. 只要选择那些信誉好的销售公司购买商品，一般是没有问题的。

有实力的合作伙伴	容易获得成功
良好的销售时机	能有较好的效益
质量过硬的产品	受客户欢迎
资质好的企业	可以进行合作

4. 购物的步骤一般是先选定你所需要的商品。

谈判	弄清对方的意图
询价	取得对方的价目表
报关	向海关递交进口货物报关单
参展	填写参展申请表

5. 只要是网上有的东西，你都可以用这种方法去买。

店里	得到优惠
市场上	买来报销
公司里	拿来使用
表格里	随意订购

二、词语搭配(不是唯一搭配) 어울리는 단어를 연결하세요. (여러 개의 답이 가능합니다)

购买	质量
得到	信息
价格	方式
减少	账号
保证	东西
确认	利润
选择	便宜
输入	环节

三、将下面的词语组成句子 아래 주어진 단어로 문장을 만드세요.

1. 便宜 购买 商店 东西 比 买 网上 去 东西

2. 商店 产地 要 产品 货架 从 送 到 的 上 把

3. 这里 费用 包含 着 批发 和 成本 多 层 库存 的

4. 怎么 从 购物 能 保证 的 质量 呢 商品 网上

5. 商店 买 跑 就 到 去 东西 不用 啦 我 这样

四、用指定词语完成句子 주어진 단어로 문장을 완성하세요.

1. 技术保密很重要，______________________，给企业自己培养一个竞争对手。(一般来说)
2. 由于公司经营不好，今年________________________。(亏)
3. 这是季节性商品，有商业头脑的人___________________________。(明白)
4. A：去年这种款式挺流行，可今年一点儿都卖不动了。

   B：_________________，____________________没有卖出去多少。(可不是)
5. 人们把钱存入银行___________________________。(生)

五、用“有＋兼语＋把……”句式完成下列句子 “有＋兼语(겸어)＋把………” 의 문장형식으로 아래 문장을 완성하세요.

1. 有一些顾客____。
2. 有不少公司____。
3. ______________________________________写在了合同里。
4. ___________________________当做了解市场动向的场所。

六、完成复句 아래 복문을 완성하세요.

1. 大家之所以喜欢购买这种产品，______________________。(之所以……，是因为……)
2. ____________________，是因为你出门的时候没注意保暖。(之所以……，是因为……)
3. 他说要来公司谈谈，_______________________________________。(……，其实是……)
4. 他总不把样品拿出来给我们看看，__________________________。(……，其实是……)

七、用本课的功能项目完成对话 본문의 기능(공능) 사항을 사용해서 대화를 완성하세요.

1. A：我们给这批货投了保，__________________________。(疑惑)

B：尽管你们投了保，可是保险公司调查发现，货物发生问题是在第二航次，不属于承保范围。

2. A："非典"是否属于不可抗力这可不好说。
B：地震、大雪都属于不可抗力，_________________________。(疑惑)

3. A：我们对贵公司刚才介绍的产品很感兴趣。_________________________。(请求)
B：那好，我再给您具体介绍一下这种产品的情况……

4. A：劳驾，_________________________?(请求)
B：从这儿一直往东走，到了第二个红绿灯往右拐，看见的那座最高的楼就是电子总公司。

八、听录音 녹음을 들어보세요.

1. 一边听，一边在横线上填写汉字
들으면서 가로 줄 위에 한자를 채워 넣으세요.

以前公司也接触过一些类似于网上贸易的______，可是效果______。但在现在的这个网站上，我天天接到同行的______，而且已经有好______生意要跟我们谈。

2. 听下面一段话，根据提问从A、B、C、D中选出最恰当的答案
질문에 근거해 A,B,C,D 중 가장 알맞은 답을 고르세요.

(1) (　　)
A. 现在发展一种品种一个农业网站
B. 现在网上开始经营粮食和化肥了
C. 中国各个省市都有农业信息网
D. 网上经营农业机械

(2) (　　)
A. 网上城市的网址问题
B. 网上城市的设计问题
C. 怎样参加网上城市的活动
D. 加强全社会对网上城市的支持和了解

九、阅读 독해

1. 阅读下面的七个句子和后面的A、B、C、D四段话，确定每个句子分别与哪段话对应，A、B、C、D四个字母可以多次使用
아래 7 개의 문장과 뒷부분의 A,B,C,D 네 토막의 글을 읽고, 각 문장에 대응되는 글을 찾으세요.

(1) 客户可以扩大选择产品的余地 ( )
(2) 厂家很容易跟新老客户联系 ( )
(3) 客户和厂家之间没有批发商 ( )
(4) 资金周转减少了中间环节 ( )
(5) 厂商能快速了解用户需求 ( )
(6) 客户可订购自己喜欢的产品 ( )
(7) 厂家及时了解对手的很多信息 ( )

电子商务的特点

A

电子商务与传统商业方式不同，其优越性是显而易见的。企业不但可以通过网络，直接接触成千上万的新用户，和他们进行交易，从根本上精简商业环节，降低运营成本，提高运营效率，增加企业利润，而且还能随时与遍及各地的贸易伙伴进行交流合作，增强企业间的联合，提高产品竞争力。

B

电子商务不需要批发商、专卖店和商场，客户通过网络直接从厂家订购产品。

电子商务通过网络为各种消费需求提供广泛的选择余地，可以使客户足不出户便能购买到满意的商品。

C

电子商务中的资金周转无须在银行以外的客户、批发商、商场等之间进行，而直接通过网络在银行内部账户上进行，大大加快了资金周转速度，同时减少了商业纠纷。

客户可以通过网络说明自己的需求，订购自己喜欢的产品，厂商则可以很快地了解用户需求，避免生产上的浪费。

D

企业之间可以通过网络了解对手的产品性能与价格以及销售量等信息，从而促进企业改造技术，提高产品竞争力。

2. 将上面4段短文连接成一篇文章，用自己的话复述出来
   위의 네 토막 글을 한 편의 문장으로 완성하고, 자신의 말로 복술해보세요.

3. 讨论 토론해보세요.
   (1) 说说电子商务与传统商业方式的区别。
   (2) 电子商务有哪些不足？

副课文 부본문

网络推广给我们公司带来了效益

网络根据生产规模、产品类型、服务质量等对生产同类产品的厂家进行了综合比较排名，我们公司名列前茅。自从网上公布了排名结果以后，公司在很多方面都发生了大变化。首先，公司网站的点击量和访问量，从以前的每天100次一下子升到了每天2 000多次。第二个变化就是公司的电话量大大增加了。从网上公布排名结果第二天起，每天从早到晚电话不断，都是询问我们公司的产品情况的。以前都是我们主动给人家打电话，向他们推销公司的产品，而现在却是客户打电话过来问我们了。我们现在的订单有26%都是从网上得来的。短短一个月，我们已从网上获得8个订单，总成交额为1 000万元，公司的月销售量增长了30%。订单目前已经排到9月份了。网络推广给企业带来了很大的收获。第三是我们充分利用现代高速发展的互联网资源，使公司又找到了一个新的大销售模式。

词语表단어

1. 类型	（名）	lèixíng	유형
2. 排名	（动）	páimíng	순위를 매기다
3. 名列前茅	（成语）	míng liè qián máo	이름이 앞에 놓여 있다, 으뜸으로 꼽히다
4. 公布	（动）	gōngbù	공포하다
5. 网站	（名）	wǎngzhàn	웹싸이트
6. 点击量	（名）	diǎnjīliàng	클릭수량
7. 订单	（名）	dìngdān	주문서
8. 月份	（名）	yuèfèn	달, 월
9. 高速	（形）	gāosù	고속의, 빠른 속도의
10. 互联网	（名）	hùliánwǎng	인터넷

问题与讨论 질문과 토론

1. 文中的公司从网上排名中得到了什么好处？
2. 网络对企业进行排名时，对哪些项目作了考察？
3. 公司在哪些方面发生了变化？
4. 请谈谈你对网上排名有什么看法。

제 10 과
第10课 参展
전시회 참가

主课文 본문

A 我公司收到贵展组委会的参展邀请信，派我来商谈有关参展的事宜。这是我的名片。

B 啊，是国际汽车有限公司的李尔先生。您好，您好，请坐。

A 谢谢。我想咨询一下有关参展的事情。

B 请说好了。

A 贵车展的展品范围您能介绍一下吗？

B 可以。这次车展的展品包括各类乘用车、商务车，各类汽车配件、汽车维修设备、汽车相关产品。

A 我公司新近推出一种汽车，代表今年我公司技术发展的最新水平，想在贵展会上亮相，利用贵车展作广泛的宣传。

B 非常欢迎。为了扩大影响，车展组委会可以代贵公司发布广告，组织各种发布会和单项宣传活动。

A 这部分费用包括在参展费用里边吗？

B 不，没有包括在内，展场内外的广告宣传是另外收费的。

A 那参展的程序是怎么安排的？

B 贵公司收到展览会邀请书后，按上边的要求填写参展申请表，加盖公章、签字，在规定的日期前邮寄或传真到组委会。组委会收到参展申请表后整理、汇总，和贵公司签订参展协议书，确定参展相关事项。然后，贵公司把有关费用汇到组委会指定的银行，并把汇款凭证传真或邮寄给组委会办公室。组委会会要求贵公司在规定的时间进入展馆进行布展。

A 我们的展品价格昂贵，来回运输费用太高，我想在撤展的时候就地出售，以节省运费，不知可不可以？

B 按规定是不行的，因为国际展品进海关时是不收税的。不管展品有多贵重，展览会闭幕后都必须保证出境。说到运输，我们还要提醒您，贵公司的展品应该选择有资格的国际性运输公司来运输。

A 谢谢您的提醒。

B 啊，对了，贵公司最好准备足够的宣传资料，名片、产品介绍、公司介绍、产品价格清单，这些都要多准备一些。

A 您为我们想得真周到。我们已经在着手做这件事了。我现在就填写参展申请表吧。

B 好，有问题请随时问我们。

词语表 어휘표

1. 参展	（动）	cānzhǎn	전시회에 참가하다
2. 组委会	（名）	zǔwěihuì	조직위원회
3. 邀请信	（名）	yāoqǐngxìn	초청카드, 초청함
4. 事宜	（名）	shìyí	사무, 일
5. 有限公司	（名）	yǒuxiàn gōngsī	유한회사
6. 车展		chē zhǎn	자동차 전시회, 모터쇼
7. 展品	（名）	zhǎnpǐn	전시품
8. 乘用车		chéngyòng chē	승용차
9. 商务车		shāngwù chē	비스니스 차량
10. 配件	（名）	pèijiàn	부(속)품
11. 维修	（动）	wéixiū	수리하다, 보수하다
12. 相关	（动）	xiāngguān	관련되다, 관계되다
13. 新近	（副）	xīnjìn	최근, 요즈음
14. 推出	（动）	tuīchū	(시장에 신상품 따위를) 내놓다, 출시하다
15. 亮相	（动）	liàngxiàng	출시하다, 선보이다
16. 代	（动）	dài	대리하다, 대신하다
17. 发布	（动）	fābù	발포하다, 선포하다
18. 单项	（名）	dānxiàng	종목
19. 收费	（动）	shōufèi	비용을 받다
20. 申请表	（名）	shēnqǐngbiǎo	등록표
21. 公章	（名）	gōngzhāng	공인, 사인 (기관이나 단체 등이 사용하는 도장)
22. 邮寄	（动）	yóujì	우송하다, 우편으로 보내다

23. 汇总	（动）	huìzǒng	한데 모으다
24. 展馆	（名）	zhǎnguǎn	전람관, 전시관
25. 布展	（动）	bùzhǎn	전시를 배치하다
26. 昂贵	（形）	ángguì	물건값이 비싸다, 높다
27. 收税		shōu shuì	세금을 징수하다
28. 闭幕	（动）	bìmù	폐막하다
29. 出境	（动）	chūjìng	국경을 떠나다, 출경하다
30. 提醒	（动）	tíxǐng	일깨우다
31. 资格	（名）	zīgé	자격
32. 国际性	（名）	guójìxìng	국제적
33. 足够	（动）	zúgòu	충분하다

专有名词

李尔 （人名）	Lǐ' ěr	Lear (인명)

重点句 주요구절

1. 公司派我来商谈有关参展的事宜。

2. 我想咨询一下儿有关参展的事情。

3. 展场内外的广告宣传是另外收费的。

4. 按上边的要求填写参展申请表，加盖公章、签字。

5. 组委会会要求贵公司在规定的时间进入展馆进行布展。

6. 我们的展品价格昂贵，来回运输费用太高。

7. 贵公司的展品应该选择有资格的国际性运输公司来运输。

8. 您为我们想得真周到。

功能项目
주요기능

1. 改变话题 화제전환

常用的表达方式有“说正经的，……”“还有一件事我忘了，……”“说到这儿我倒想起来，……”“啊，对了，我还想说的是……”等。

자주 쓰이는 표현방식에는 “说正经的，……(실로 주제 내용을 말하자면, …)”, “还有一件事我忘了，……(제가 또 하나를 잊어버렸네요)”, “说到这儿我倒想起来，……(얘기가 여기까지 오니까 생각이 떠오르네요,…) ”, “啊，对了，我还想说的是……(아,맞다! 또 말하고 싶은 것은 …)” 등이 있다.

例如：

(1) A：参展的事都谈妥了吧?我告辞了。
B：啊，对了，贵公司最好准备足够的宣传资料，名片、产品介绍、公司介绍、产品价格清单，这些都要多准备一些。

(2) A：咱们谈完公事，晚上我请客，你可要赏光啊!
B：说正经的，我觉得合同里还有些需要补充的，先别说题外话。

2. 结束话语 끝맺음

常用的表达方式有“今天就谈到这儿吧”“好，有问题随时联系”等。

자주 쓰이는 표현방식에는 “今天就谈到这儿吧(오늘은 여기까지 얘기하지요)”, “好，有问题随时联系(좋아요, 문제가 있으면 언제든 연락하지요)” 등이 있다.

例如：

(1) A：好，下边我还有个会。有问题请随时问我们。您可以走了。
B：谢谢，我就不打搅了。告辞了。

(2) A：因为时间的关系，今天就谈到这儿吧。
B：好，我们随时保持联系。

语法举要 주요 문법

1. 目的复句(2) 목적 복문(2)

本课目的复句的关联词为“……，以……”。前一分句表示采用某一办法或行动，后一分句用“以”引出采用该办法或行动所达到的目的。

본 과문의 목적 복문은 “……, 以……”의 형식으로 쓰인다. 앞구절은 어떤 방법을 취하거나 행동을 행함을 나타내며 뒷구절은 ‘以’로 그 방법이나 행동이 달하려는 목적을 나타낸다.

例如：

(1) 我们的展品价格昂贵，来回运输费用太高，我想在撤展的时候就地出售，以节省运费。

(2) 公司专门设立了健身房，鼓励员工锻炼身体，以提高大家的健康水平。

(3) 筑路工人连夜加班修整路面，以保证道路畅通。

2. 条件复句 조건 복문

本课的例句为无条件句，表示在任何条件下都不会产生正句所说的结果。常见的关联词有“不管(无论、不论)……，却(也、总、还、都)……”。

본 과문의 예문은 무조건 복문으로서, 어떠한 상황에서도 주문에서 말하는 결과는 발생하지 않을 것임을 나타낸다. 흔히 보이는 형식에는 “不管……, 也……”, “不论……, 却……”, “无论……, 都……” 등이 있다.

例如：

(1) 不管展品有多贵重，展览会闭幕后都必须保证出境。

(2) 我们相信自己一定会赢，不管花多长时间也要把这个官司打下去。

(3) 不管(论)这些公司来头有多大，大家总该公平竞争。

词语聚焦

주요 단어

1. 相关 관련되다.

动词，彼此关联。
동사. 서로 관련되다.

例如：

(1) 石油价格的变化和人民的日常生活相关。
(2) 为了购买那些大型设备，我们了解了相关的进口政策和规定。
(3) 在买卖过程中容易产生争议，所以应该在合同中增加相关的责任条款。

2. 代 대신하다.

动词，代替。书面语表达方式。
동사. 대체하다. 서면어 표현방식이다.

例如：

(1) 我代经理与其他客户讨论合同书。
(2) 他把孩子送到亲戚家请亲友们代为看管。
(3) 你回国的时候，请代我向他表示问候。

3. 发布 공포하다.

动词，宣布(命令、指示、新闻等)。
동사. (명령, 지시, 뉴스 등을) 선포하다. 알리다.

例如：

(1) 公司向社会发布今年经营的情况。
(2) 电子协会负责人近日发布了高端彩电成为消费热点的消息。
(3) 你可以把你要发布的信息填在表格中。

4. 汇总 한데 모으다.

动词，(资料、单据、钱款等) 汇集到一起。

동사. (자료, 증빙서류, 돈 등을) 한 곳에 모으다.

例如：

(1) 他把出口经营情况汇总以后向总公司报告。

(2) 老板让我把谈判进行的情况写一份汇总报告。

(3) 公司要把员工们的建议汇总后公布出来。

5. 足够 충분하다.

动词，达到应有的或能满足需要的程度。
동사. 반드시 있어야 할 정도 혹은 만족할 수 있는 정도에 도달하다.

例如：

(1) 有这么多的货物了，已经足够了。

(2) 我们应当有足够的思想准备迎接新的挑战。

(3) 市场变化太快，我们没有足够的时间去好好研究它。

배경 지식
经贸知识链接

中国进出口商品交易会
중국 수출입 상품 교역회

中国进出口商品交易会原称中国出口商品交易会，又称广交会，创办于1957年春季，每年春秋两季在广州举办，至今已有四十多年历史，是中国目前历史最长、层次最高、规模最大、商品种类最全、到会客商最多、成交效果最好的综合性国际贸易盛会。

广交会参展者均为资信良好、实力雄厚的外贸公司、生产企业、科研院所、外商投资/独资企业和私营企业。

广交会贸易方式灵活多样，除传统的看样成交外，还举办网上交易会。广交会以出口贸易为主，也做进口生意，还开展多种形式的经济技术合作与交流，以及商检、保险、运输、广告、咨询等业务活动。届时，世界各地的客商云集广州，互通商情，增进友谊。

从2007年开始“中国出口商品交易会”改名为“中国进出口商品交易会”。

중국 수출입 상품 교역회는 원래 중국수출상품교역회라고 불렸는데 또 광교회라고도 한다. 이는 1957년 봄에 창설되어, 매년 봄과 가을에 광쩌우에서 진행되는데, 지금까지 40여년의 역사를 가지고 있다. 광교회는 중국에서 역사가 가장 길고, 수준이 가장 높고, 규모가 가장 크며, 또상품의 종류가 가장 많고, 참가하는 상인이 가장 많아 거래 효과가 가장 좋은 종합적인 국제 무역의 성대한 모임이라 할 수 있다.

광교회 참가자들은 모두 신용이 우수하고, 충분한 실력을 갖춘 무역회사, 생산기업, 과학연구소, 외국의 투자(독자)기업과 개인 기업들이다.

광교회의 무역 방식은 다양하여 전통적으로 견본을 보고 계약하는 것 외에도 인터넷을 이용하는 교역도 한다. 광교회는 수출 무역을 위주로 하지만 수입도 하고, 또 각종 형식의 경제 기술 합작과 교류를 전개하기도 하고 상품 검사, 보험, 운수, 광고, 자문 등 업무 활동도 진행한다. 이 때 세계 각지의 거래상들이 광쩌우에 운집하여 상업 정보를 교환하고, 우정을 나눈다.

2007년부터 '중국 수출 상품 교역회'는 '중국 수출입 상품 교역회' 라는 이름으로 바뀌었다.

练习 연습

一、替换练习 교체 연습을 해보세요

1. 我公司新近推出一种汽车，代表今年我公司技术发展的最新水平。

实验室新近研制出一种新产品	本研究所的最新成果
公司新近引进一项高新技术	公司技术更新的发展趋势
市场新近流行一种款式	女装设计的最新动向
银行新近推出一个项目	银行业增加服务项目的新动向

2. 为了扩大影响，我们可以代贵公司发布广告。

发展业务	展销会	参展商联系客户
方便群众	办事处	来访者查找资料
提高效率	银行	储户办理转账
简化手续	公司	客户办理通关

3. 组委会要求贵公司在规定的时间进入展馆进行布展。

我方要求贵公司	将货款汇来
公司要求所有员工	来公司报到
客户要求生产厂家	提供货物
进口商要求供货商	备齐资料

4. 按规定是不行的，因为国际展品进海关时是不收税的。

要求	厂家销售时是不提供配件的
常规	这个市场在经营产品时是不加费用的
道理	顾客在购物时已经得到折扣了
原则	我们在提供服务时是不收手续费的

二、词语搭配(不是唯一搭配) 어울리는 단어를 연결하세요. (여러 개의 답이 가능합니다)

商谈	整理
广泛	公章
扩大	昂贵
进行	展品
加盖	事宜
价格	宣传
承运	影响

三、将下面的词语组成句子 아래 주어진 단어를 사용하여 문장을 만드세요.

1. 有关　商谈　派　来　参展　事宜　公司　我　的

2. 事情　参展　想　我　有关　咨询　的　一些　一下儿

3. 把　我　国内　想　不　它　再　着　运回　用

4. 资格　展品　你们　运输　的　选择　的　运输　应该　公司　来　有

5. 件　做　着手　了　已经　这　在　我们　事

四、用指定词语完成句子 주어진 단어로 문장을 완성하세요.

1. 报关单已经填写好了，拿着它就______________________。(相关)
2. 公司要求我们______________________。(汇总)
3. 我们的信誉好，去银行______________________。(足够)
4. 两个公司正式合并，这个消息______________________。(发布)
5. 将要搬入生活小区的住户，我公司______________________。(代)

五、完成复句 아래 복문을 완성하세요.

1. 离开房间时应该把灯关上，以______________________。(……，以……)
2. 公司为每个职工上了养老保险，以______________________。(……，以……)
3. ______________________，他总要拿出一些时间和自己的家里人一起散步。(不管……，总……)
4. ______________________，他却坚持要这么做。(不论……，却……)
5. ______________________，我们都应该努力履行合同中规定的条款。(无论……，都……)

六、用本课的功能项目完成对话 본문의 기능(공능) 사항을 사용해서 대화를 완성하세요.

1. A：我一直盼着休假，最近忙死了。
   B：公司规定的销售额还差不少。说正经的，______________________。(改变话题)

2. A：现在市面上流行彩条围巾。
   B：说到彩条围巾，______________________。(改变话题)

3. A：我的话完了。啊，对了，我还想说的是______________________。(改变话题)
   B：谢谢你们的盛情款待。

4. A：你看我们讨论了不少的问题，____________________吧。(结束话语)
B：好，我们以后再讨论。

5. A：我们耽误了您许多宝贵的时间，向您表示感谢。
B：别客气。______________________________。(结束话语)

6. A：我们还要去拜访其他客户，因为时间的关系，________________！(结束话语)
B：你们专程来解释产品的问题，十分感谢。

七、听录音 녹음을 들어보세요.

1. 听下面一段对话，根据提问从A、B、C、D中选出最恰当的答案
아래 한 토막의 대화를 듣고, 질문에 근거해 A,B,C,D 중 가장 알맞은 답을 고르세요.

(1) (　　)
A. 展览会　B. 贸易公司　C. 和张小姐同一家公司　D. 广告公司

(2) (　　)
A. 加速器　B. 加湿器　C. 压石器　D. 压力器

(3) (　　)
A. 要认真选择展览会　B. 参加各种展览会
C. 举办世界博览会　D. 谨慎选择销售市场

(4) (　　)
A. 展览会没有什么区别　B. 公司产品价格不高
C. 跟客户面谈一定成功　D. 给顾客的印象要深

2. 复述所听到的录音内容
청취한 녹음 내용을 복술해보세요.

八、阅读 독해

参观展览会，特别是大型展览会，是辛苦劳神的事。要想在有限的时间里获得更多的有效信息，就要在参观展览前作好以下准备和计划：

(1) 尽快取得参展商的分布图，设定参观路线。
(2) 携带足够的名片，这样使你省去填表的麻烦。
(3) 准备轻便的旅行袋装参展商的资料。不要用塑料袋，塑料袋容易割伤手。
(4) 列出你准备参观的厂商清单，并将他们分成两个部分，一个是“必须参观”的，另一个是“要参观”的。
(5) 计划你参观整个展览会要花费的时间，甚至停留每一个摊位所要花费的时间。
(6) 明确你需要从参展商那里了解的信息，区别各个展商的不同之处，然后准备好到时候要提的问题。
(7) 寻找建立商业网络的机会。与业界人士交谈，尽量获得参展商的邀请到其下榻酒店进一步交谈。在产品陈列室里向周围的人介绍自己，分发并收集名片。
(8) 带上笔和便条，随时记下重要的信息，甚至可以用小型录音机作录音记录。
(9) 每一站都作好行程记录，每晚总结一下。想办法取得参展商不想回答的问题的答案。避免与不相关的厂商进行洽谈。
(10) 提前30分钟离场，避免等车的麻烦。对所收集的材料进行整理、归类、并与有关厂商作进一步联系。

上述参观展览会的准备和计划虽然简单，但却是行之有效、事半功倍的办法。只要注意到这些细节问题，便可达到预期的效果。

1. 根据短文内容选出最恰当的答案 윗글 내용에 근거해 가장 알맞은 답을 고르세요.

(1) 去展览会应该（ ）
A. 带一个轻便的旅行袋　　B. 准备一个好的塑料袋
C. 带上笔记本电脑　　D. 跟参展商取得联系

(2) 下面哪个答案短文中没有提到（ ）
A. 携带足够的名片　　B. 准备好到时候要提的问题
C. 在产品陈列室里向周围的人介绍自己　　D. 提前30分钟离场

(3) 展览会期间，参观后每天晚上应该（ ）
A. 整理参观记录　　B. 多跟客商面谈
C. 邀请客户来访　　D. 回答各方问题

(4) 本短文最合适的标题（ ）
A. 参展必备的手续　　B. 展览会须知
C. 如何收集展会信息　　D. 参观展览会的技巧

2. 用自己的话复述参观展览会的技巧(要求：发音正确，条理清楚，语句通顺，突出主要内容)
자신의 언어로 전시회를 침관하는 기교를 복술해 보세요.(요구사항: 발음이 정확하고, 조리 있어야 하며, 어순이 매끄럽고, 주요내용을 두드러지게 해야 합니다).

九、短文写作 단문 쓰기

为了了解各行业参加展览会的情况，有关部门对在2001年和2005年两年中参加展览会的各行业所占比率进行了调查统计。调查时将制造业、运输、通讯、公共事业、批发、零售、金融、保险、不动产、服务、广告、宣传等众多行业进行了归类，分为7大类。这些调查数据能够折射出市场经济发展变化的情况。

调查结果如下：
조사결과는 다음과 같다.

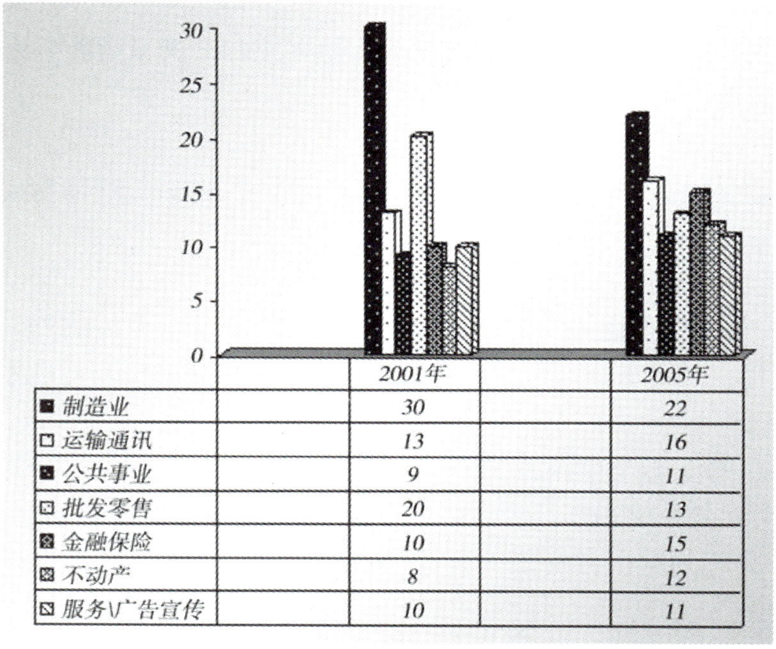

	2001年		2005年
制造业	30		22
运输通讯	13		16
公共事业	9		11
批发零售	20		13
金融保险	10		15
不动产	8		12
服务\广告宣传	10		11

请写一篇短文，要求：
한 편의 짧은 글을 써보세요. 요구사항.

1. 说明这幅图。
2. 对2001年和2005年的情况作一个简要的比较和分析。
3. 300—400字，标点符号要正确。

1. 도표내용을 설명하세요.
2. 2001 년과 2005 년의 정황을 간략하게 비교하세요.
3. 300 자 ~400 자, 문장부호의 사용이 정학해야 합니다.

副课文

부본문

展览会对经济的作用

展览是一种既有市场性也有展示性的经济交换形式。在古代，它曾在经济交流中起过重要的作用。

现在它仍然扮演着重要的角色。

展览是一种特殊的流通媒介。从流通性质上讲，它与批发、零售等流通媒介相同。通过展览，买主与卖主签约成交，促成买卖，但是，展览也有其特殊性，有别于其他流通媒体。展览能显示经济发展的趋势。通过各行业参展比率的分布以及各行业内部各类企业参展的比率分布，我们能看到市场需求的情况和行业企业发展的水平。比如汽车制造业参展比率上升，表明在整个经济中汽车制造业的份额有了增加，需求在扩大；服务业参展比率上升，表明在整个经济中第三产业有了进步。而展览中反映出的事实，对未来的生产和消费都会产生巨大影响。因此可以说经济的发展在展览会上能得到反映，同时展览也影响经济的发展。贸易展览与经济发展的关系是双方面的。一方面是经济发展状况决定展览的兴衰，并在展览会上反映出来，另一方面展览所呈现出的主流趋势也会影响、刺激经济发展。

在发达国家，由于大型综合经济贸易展览会已基本消失，而众多的专业展览只能反映各自行业的状况和趋势，因此必须在观察一系列专业展览会的基础上分析掌握经济的发展趋势。

有学者提出：贸易展览会是能够提供经济发展趋势有关数据的唯一的市场媒介。

词语表 단어

1. 展示性	（名）	zhǎnshìxìng	전시가치
2. 宏观	（形）	hóngguān	거시적이다
3. 微观	（形）	wēiguān	미시적이다
4. 流通	（动）	liútōng	유통하다
5. 媒介	（名）	méijiè	매개자, 매체, 매개물
6. 零售	（动）	língshòu	소매하다
7. 特殊性	（名）	tèshūxìng	특수성
8. 兴衰	（名）	xīngshuāi	성쇠
9. 呈现	（动）	chéngxiàn	나타내다, 양상을 띠다
10. 主流	（名）	zhǔliú	주류
11. 刺激	（动）	cìjī	자극하다
12. 发达国家		fādá guójiā	선진국
13. 众多	（形）	zhòngduō	매우 많다
14. 各	（代）	gè	각자, 제각기
15. 一系列	（形）	yīxìliè	일련의

问题与讨论 질문과 토론

1. 展览是一种什么样的交换形式？
2. 跟其他流通媒体相比，展览有什么特殊性？
3. 展览与经济发展是什么关系？
4. 在发达国家，大型综合经济贸易展览会已基本消失。你认为这是为什么？
5. 介绍你参观过的展览会。

小型调查 작은 조사

内容：人们的消费观、业余消遣、对流行服装的看法、饮食需求、时间分配等等

要求：

1. 根据调查目的写出调查问卷。
2. 调查人数不要少于30人。
3. 调查后写出200字以上的调查报告。

词语索引
단어 인덱스(목록)

A

案件	(名)	ànjiàn	5
昂贵	(形)	ánggu ì	10
奥妙	(形)	àomiào	9

B

败诉方	(名)	bàisùfāng	4
报价单	(名)	bàojiàdān	7
暴风雨	(名)	bàofēngyǔ	3
本钱	(名)	běnqián	7
本着		běnzhe	3
笔记本	(名)	bǐjìběn	9
闭幕	(动)	bìmù	10
变动	(名)	biàndòng	2
并用	(动)	bìngyòng	3
补偿	(名)	bǔcháng	5
不符	(动)	bùfú	2
不可抗力	(名)	bùkěkànglì	2
不可思议	(成语)	bù kě sī yì	2
不良	(形)	bùliáng	2
布展	(动)	bùzhǎn	10
步骤	(名)	bǔzhòu	9

C

猜测	(动)	cāicè	2
裁决	(动)	cáijuē	4
参展	(动)	cānzhǎn	10
残损	(动)	cánsǔn	2
查清		chá qīng	2
岔子	(名)	chàzi	8
产地	(名)	chǎndì	9
长远	(形)	chǎngyuǎn	5
常规	(形)	chángguī	4
车展		chēzhǎn	10

撤销	(动)	chèxiāo	5
诚信	(名)	chéngxìn	7
乘用车		chéngyòngchē	10
程序	(名)	chéngxù	4
出境	(动)	chūjìng	10
创立	(动)	chuànglì	5

D

大风大浪		dà fēng dà làng	2
大雪	(名)	dàxuě	3
代	(动)	dài	10
代理人	(名)	dàilǐrén	6
代销	(动)	dàixiāo	6
货款	(名)	huòkuǎn	1
单项	(名)	dānxiàng	10
当事人	(名)	dāngshìrén	3
倒	(副)	dào	7
到底	(副)	dàodǐ	2
地震	(名)	dìzhèn	2
电脑	(名)	diànnǎo	9
店面	(名)	diànmiàn	9
订明		dìng míng	3
定义	(名)	dìngyì	3
独家	(名)	dújiā	6
独自	(副)	dúzì	8
对讲	(动)	duìjiǎng	7
对外贸易		duìwài-màoyì	8

F

发布	(动)	fābù	10
发货	(动)	fāhuò	8
凡是	(副)	fánshì	1
非	(前缀)	fēi	8
非典	(名)	fēidiǎn	3
付款	(动)	fùkuǎn	9
复验	(动)	fùyàn	1

G

改天	(副)	gǎitiān	7
概括	(动)	gàikuò	4
概括式	(名)	gàikuòshì	3
钢材	(名)	gāngcái	8

高清晰度	（名）	gāoqīngxīdù	7
各地	（名）	gèdì	6
各个	（代）	gègè	3
公章	（名）	gōngzhāng	10
公证	（动）	gōngzhèng	1
供货		gōnghuò	6
购物	（动）	gòuwù	9
固定	（形）	gùdìng	7
罐头	（名）	guàntou	2
罐头盒	（名）	guàntouhé	2
归还	（动）	guīhuán	5
归属	（名）	guīshǔ	5
规则	（名）	guīzé	4
国际性	（名）	guójìxìng	10
过失	（名）	guòshī	3

H

海事	（名）	hǎishì	2
海啸	（名）	hǎixiào	2
航行	（名）	hángxíng	2
何况	（连）	hékuàng	2
和解	（动）	héjiě	5
后果	（名）	hòuguǒ	5
划账		huà zhàng	9
环节	（名）	huánjié	2
汇款	（动）	huìkuǎn	9
汇总	（动）	huìzǒng	10
混合	（动）	hùnhé	5
火灾	（名）	huǒzāi	2
货款	（名）	huòkuǎn	1
货物	（名）	huòwù	8

J

机构	（名）	jīgòu	1
即便	（连）	jíbiàn	6
既然如此		jìránrúcǐ	4
建设性	（名）	jiànshèxìng	5
降	（动）	jiàng	9
交接	（动）	jiāojiē	1
交涉	（动）	jiāoshè	8
结果	（连/名）	jiéguǒ	8
结账	（动）	jiézhàng	7

尽早	(副)	jǐnzǎo	2
精致	(形)	jīngzhì	7
纠纷	(名)	jiūfēn	8
就是说		jiù shì shuō	6
据我所知		jùwǒsuǒzhī	4
据说	(动)	jùshuō	3
飓风	(名)	jùfēng	3
决策	(动)	juécè	6

K

抗拒	(动)	kàngjù	3
考究	(形)	kǎojiu	7
可不是		kě bù shì	9
可视	(形)	kěshì	7
亏	(动)	kuī	9

L

乐意	(动)	lèyì	6
乐于	(动)	lèyú	1
类	(量)	lèi	3
累计	(动)	lěijì	6
累进	(动)	lěijìn	6
理性	(形)	lǐxìng	5
亮相	(动)	liàngxiàng	10
列举式	(名)	lièjǔshì	3
零售价	(名)	língshòujià	9
喽	(助)	lou	3
履行	(动)	lǚxíng	3
轮(船)	(名)	lún(chuán)	2

M

卖方	(名)	màifāng	1
免费	(动)	miǎnfèi	7
民间	(名)	mínjiān	1
名称	(名)	míngchēng	5
名片	(名)	míngpiàn	7
明白	(动)	míngbai	9
明智	(形)	míngzhì	8
蘑菇	(名)	mógu	2
木材	(名)	mùcái	8

N

弄	(动)	nòng	2
喏	(叹)	nuò	7

O

哦	(叹)	ō	2

P

赔偿	(动)	péicháng	2
配	(动)	pèi	7
配件	(名)	pèijiàn	10
配送员	(名)	pèisòngyuán	9
批发价	(名)	pīfājià	9
皮革	(名)	pígé	8
品质	(名)	pǐnzhì	1
评价	(名)	píngjià	7
凭	(介)	píng	8
凭证	(名)	píngzhèng	1
瓶装	(形)	píngzhuāng	2

Q

契约性	(名)	qìyuēxìng	8
签约	(动)	qiānyuē	3
欠款	(名)	qiànkuǎn	8
抢注	(动)	qiǎngzhù	5
侵权	(动)	qīnquán	5
清楚	(形)	qīngchu	2
求助	(动)	qiúzhù	8
渠道	(名)	qúdào	7
全套		quántào	7
权利	(名)	quánlì	6
确认	(动)	quèrèn	1

R

人力	(名)	rénlì	3
认定	(动)	rèndìng	1

S

商标	(名)	shāngbiāo	5
商会	(名)	shānghuì	4

商检	(名)	shāngjiǎn	1
商讨	(动)	shāngtǎo	5
商务车		shāngwùchē	10
上门	(动)	shàngmén	9
涉及	(动)	shèjí	4
涉外	(形)	shèwài	8
申请	(动)	shēnqǐng	5
申请表	(名)	shēnqǐngbiǎo	10
生	(动)	shēng	9
声望	(名)	shēngwàng	4
声誉	(名)	shēngyù	6
省	(动)	shěng	7
实事求是	(成语)	shí shì qiú shì	1
是否	(副)	shìfǒu	3
事儿	(名)	shìr	8
事故	(名)	shìgù	2
事宜	(名)	shìyí	10
收费	(动)	shōufèi	10
收货人	(名)	shōuhuòrén	9
收税		shōu shuì	10
收银台	(名)	shōuyíntái	9
受理	(动)	shòulǐ	5
授予	(动)	shòuyǔ	5
疏忽	(名)	shūhū	3
输入	(动)	shūrù	9
数码	(名)	shùmǎ	6
水灾	(名)	shuǐzāi	2
俗话说		súhuà shuō	4
算是	(动)	suànshì	3
随意	(形)	suíyì	2
所在地	(名)	suǒzàidì	4
索赔	(动)	suǒpéi	2

T

讨账	(动)	tǎozhàng	8
特征	(名)	tèzhēng	3
提货	(动)	tíhuò	2
提醒	(动)	tíxǐng	10
听装	(形)	tīngzhuāng	2
通常	(形)	tōngcháng	4
通行	(动)	tōngxíng	6

头疼	(形)	tóuténg	8
突发	(动)	tūfā	3
途中	(名)	túzhōng	2
推出	(动)	tuīchū	10
推进	(动)	tuījìn	6

W

外商	(名)	wàishāng	8
完整	(形)	wánzhěng	4
网	(名)	wǎng	9
网络	(名)	wǎngluò	9
网页	(名)	wǎngyè	9
为难	(形)	wéinán	8
为准		wéizhǔn	6
维修	(动)	wéixiū	10
未	(副)	wèi	6
未知数	(名)	wèizhī shù	6
稳步	(副)	wěnbù	6
稳妥	(形)	wěntuǒ	4
无法	(动)	wúfǎ	3
无论如何		wúlùn rúhé	4
无形	(形)	wúxíng	5
无疑	(动)	wúyí	5

X

系列	(名)	xìliè	7
下属	(名)	xiàshǔ	5
陷阱	(名)	xiànjǐng	8
相当	(副)	xiāngdāng	7
相关	(动)	xiāngguān	10
相应	(形)	xiāngyìng	6
享有	(动)	xiǎngyǒu	5
消极	(形)	xiāojí	5
销	(动)	xiāo	8
销路	(名)	xiāolù	7
协商	(动)	xiéshāng	3
新近	(副)	xīnjìn	10
新一代		xīnyīdài	7
信任	(名)	xìnrèn	6
信息	(名)	xìnxī	9
信用卡	(名)	xìnyòngkǎ	9

信誉	(名)	xìnyù	9
锈渍	(名)	xiùzì	2
需求量	(名)	xūqiúliàng	6
选定	(动)	xuǎndìng	9

Y

演示	(名)	yǎnshì	7
邀请信	(名)	yāoqǐngxìn	10
叶片	(名)	yèpiàn	5
一般来说		yībān lái shuō	9
一旦	(副)	yīdàn	1
一方面……	(连)	yīfāngmiàn……	1
依据	(名)	yījù	5
以此		yǐcǐ	3
意识	(动)	yìshí	5
因特网	(名)	Yīntèwǎng	9
佣金率	(名)	yōngjīnlǜ	6
呦	(叹)	yōu	7
邮寄	(动)	yóujì	10
有限	(形)	yǒuxiàn	6
有限公司	(名)	yǒuxiàn gōngsī	10
有效	(动)	yǒuxiào	1
有效期	(名)	yǒuxiàoqī	6
有约在先		yǒu yuē zài xiān	3
预见	(动)	yùjiàn	3
约定	(动)	yuēdìng	1
约束力	(动)	yuēshùlì	4
运费	(名)	yùnfèi	7

Z

早日	(副)	zǎorì	2
展馆	(名)	zhǎnguǎn	10
展品	(名)	zhǎnpǐn	10
账号	(名)	zhànghào	9
正是		zhèng shì	8
证据	(名)	zhèngjù	2
证书	(名)	zhèngshū	1
之外		zhīwài	9
知	(动)	zhī	6
知情	(动)	zhīqíng	5
直销	(动)	zhíxiāo	7

终局性	(名)	zhōngjúxìng	4
仲裁院	(名)	zhōngcáiyuàn	4
专营权	(名)	zhuānyíngquán	6
追账	(动)	zhuīzhàng	8
资产	(名)	zīchǎn	5
资格	(名)	zīgé	10
综合式	(名)	zōnghéshì	3
总	(形)	zǒng	6
总	(副)	zǒng	8
足够	(动)	zúgòu	10
组委会	(名)	zǔwěihuì	10
最为	(副)	zuìwéi	4

专有名词

J

金竹牌	(商标名)	Jīnzhú pái	5

L

李尔	(人名)	Lǐ'ěr	10
伦敦仲裁院		Lúndūn Zhòngcáiyuàn	4

O

欧美		Ōu-Měi	7

R

日内瓦	(地名)	Rìnèiwǎ	1
瑞士	(地名)	Ruìshì	1

S

苏黎士商会仲裁院		Sūlíshì Shānghuì Zhòngcáiyuàn	4

T

通用鉴定公司		Tōngyòng Jiàndìng Gōngsī	1

Y

鹰牌	(商标名)	Yīng Pái	7
“云山”轮		“Yúnshān” lún	2